SURVIVAL BURMESE

PHRASEBOOK & DICTIONARY

How to communicate without fuss or fear INSTANTLY!

by KENNETH WONG

TUTTLE Publishing
Tokyo | Rutland, Vermont | Singapore

CONTENTS

Introduction
    How to Use this Book 5
    English in Burma 7
    A Crash Course in Burmese Culture 9
    The Ongoing Debate: Burma or Myanmar? 12
    On Burmese Pronunciation 14
    A Brief Guide to Burmese Grammar 21

PART 1
Everyday Phrases
    Useful Phrases 31
    Expressing Yourself 32
    Coming and Going 34
    Popular Cities and Destinations 35
    Eating and Drinking 38

PART 2
Common Scenarios
    Polite Forms of Address 43
    Meeting People 47
    Getting a Taxi 55
    Checking into a Hotel 61
    Asking for Something 64
    Asking for Directions 66
    Numbers and Counting... 68
    Going Shopping 73

4 CONTENTS

Eating Out	79
Drinking Tea	85
Telling Time	88
Months, Years, Seasons and Festivals	93
Talking About Family	99
Talking About the Weather	103
Talking About Money	106
Talking About Animals	110
Talking About Art	113
Tech Talk	117
Going to the Train Station	122
Going to the Airport	125
At the Bank	129
Going to the Cinema	131
Nightlife	135
Farewells	138

PART 3
Special Situations

Asking For Help	141
Going to the Hospital	147
At the Post Office	150
Visiting Temples and Monasteries	153
Speaking to Buddhist Nuns and Monks	156
Additional Vocabulary	160

PART 4
English-Burmese Dictionary 168

INTRODUCTION

How to Use this Book

When I travel overseas, I always make an effort to learn a few phrases, and sentences to communicate with the locals. Being able to say "*Ohaiyo* (Good morning)!" to a ramen shop owner in Osaka or "*Une café por favor* (One coffee, please!)" to a waiter in Barcelona doesn't seem like much, and they certainly weren't enough for in-depth conversations about culture, politics, or social issues. Yet, I noticed even those humble, flawed attempts invoked a kind of warmth in the locals. I believe they interpreted these efforts as genuine overtures, as my homage to the country and to them.

In that sense, this book is for travelers like me. It's for those who like to wander off the beaten track, explore hidden spots not listed in the guidebooks, and chat with the noodle stall owners, street vendors, and flower sellers they may encounter. You won't learn how to read, write and speak Burmese with a polished accent and proper grammar—this kind of fluency can only come from years of dedicated study and immersive classes—but the book should be sufficient to cover all the situations you'll find yourself in.

You should be able to order common Burmese dishes, describe your discomfort to a doctor, ask for the price of the item you want to buy, and be able to negotiate with the vendor (in most open-air markets, roadside shops and traditional bazaars, but not the Western-style department stores, where prices are fixed).

This book favors shorter, simpler casual versions of place names, vocabulary and formulaic expressions over the more complex, formal ones. Rather than asking "Would you kindly provide me with a cup of water?" *Kyayy zuu pyu ywayt kya-nawt goh yay layy ta-khwet lauk payy bah kha-myaa*, with all the graceful formality and differential attitude expected of a native speaker, the book instead uses the shorter, simpler (*Kyayy zuu pyu ywayt yay payy bah*) or "Some water, please", which will be undoubtedly easier to master.

English in Burma

Many of my westerner friends who traveled to Burma for the first time were pleasantly surprised to find the extent to which they could rely on simple English terms and phrases to communicate with the locals. There are good reasons for this.

In the last three or four years, Burma has become much more accessible to international travelers. Forward-thinking hoteliers, innkeepers, restaurateurs—even teashop and café owners—recruited English-speaking staff in anticipation of increased tourism.

Burma also lived through a long colonial period under the British, and English is still taught today as one of the subjects in government-run schools.

The younger Burmese get their mashup English from western films and Facebook. In their status updates and comments, many young Burmese employ a hybrid language strung together with common abbreviations (like "coz" for "because"), English conjunctions, and romanized Burmese words.

You can easily find many people who can speak English with varying fluency in most metropolitan areas. Even when an English speaker is not readily available in the vicinity, you'll find that you too can string together sentences using common English nouns (like "battery", "bicycle", "SIM card", or "taxi") with simple Burmese phrases (like *Bae hmah laee* for "Where is ..." or *Shi larr* for "Is there .../Do you have ...") to make yourself understood.

For this book, we're focusing on conversational Burmese—the spoken variety that people use daily to shop, make friends, and chitchat—rather than the written Burmese you'd find in official documents, etc. Its most rudimentary form (what the Burmese call *Hta-minn zarr yay thauk* or the "eating-drinking" speech) will help you to get by with a set of common expressions (like *Kyite tae* for "I like ...," *Yuh mae* for "I'll take ...," and *Ya aung* for "Let's ...") with the appropriate nouns, verbs, and adjectives.

You'll also be glad to know that you do not need to conjugate Burmese verbs. You can use the same verb *saa*, "to eat", for both singular and plural nouns, as well as to talk about eating in the present or the past. Only the future requires a slightly different treatment (more on this in A Functional Guide to Burmese Grammar).

The biggest challenge for Burmese learners is mastering the tones—the degree of stress you place on the vowel to convey the desired meaning. The good news is, you only need to deal with three distinct tones (See On Burmese Pronunciations).

A Crash Course in Burmese Culture

Having endured a series of military regimes from 1962 to 2012, Burma is finally taking steps to establish a civilian government. In the country's landmark election in late 2015, the National League for Democracy (NLD) led by Aung San Suu Kyi won a decisive victory. An ingenious workaround by the party allowed her to hold office as the State Counsellor, a prime minister-like role with significant influence over policy making. Today, NLD's U Htin Kyaw, a scholar and the son of a prominent poet, serves as the president.

The Burmese people's rhythm of life is governed by Theravada Buddhism, the main religion in the country. Their mindsets, attitudes, rituals, social protocols, and even superstitions are derived primarily from this faith. The country is also home to thriving Hindu, Christian, and Muslim communities.

The core principle of Buddhism is universal compassion. It teaches its followers to wrestle with existential sufferings and human desires; and to adopt the right conduct, the right speech, and the right mindset to reach enlightenment. The monastic order is part of the social fabric of Burma, where the monks are revered as the spiritual sons of the Buddha, the founder of Buddhism. For better or worse, they're also the guardians of century-old traditions and some conservative practices.

Under the previous military regimes, western culture, NGOs, and tourists trickled in. In today's open climate, they rush in. Change comes at breakneck speed, in the form of punk rock, rap and reggae, miniskirts, mobile phones, viral Facebook posts, and rising real estate prices, raising fear among some of the social conservatives, who feel their way of life is under threat. The backlash is noticeable in the swift rise of a small but vocal faction, led by the Race and Religion Protection Group (known by their Burmese acronym *Ma Ba Tha*). Left mostly unchallenged under the previous administration led by ex-military man Thein Sein, the organization gained significant influence. Some foreigners, travelers, and locals who unwittingly drew their attention and ran afoul of them have experienced expulsion and incarceration. It's best to heed the new climate of religious sensitivity as far as possible.

DRESS CODE: In public places, sacred places, temples, and pagodas, try to dress more conservatively—shorts should be of a reasonable length for men, and the chest and legs (till below the knees) should be covered for women. Burmese women frequently wear sleeveless blouses in public places, but they usually drape a shawl or scarf around their bare shoulders when entering temples and shrines. Ensure that the airy, cotton outfits that you're wearing in the summer are not translucent.

Most temples and shrines frequented by foreigners have signs and placards warning you what's acceptable to wear and (perhaps more importantly) what's not. The one ironclad rule that is enforced in all Buddhist places of worship—pagodas, shrines, and monasteries—is the no-footwear rule, so wear sensible footwear that you can easily remove and put back on.

The Burmese believe the head is the most sacred spot on one's body and the feet the dirtiest. Never attempt to pat or touch an elder's head in a playful, friendly manner, except during some ceremonies where you wash the elders' hair to pay homage. Conceal any Buddhist icons tattooed on the lower part of your body (also avoid wearing pants and skirts with such symbols) from public view with long pants and sarongs while in Burma.

CUSTOMS: Public displays of affection—hugging, kissing, and fondling—is discouraged. Physical contact between the opposite sexes is not very common, so try to avoid putting your hand on their shoulders, enthusiastically grabbing their hands, or giving them a bear hug (something my fellow Californians habitually do).

Physical contact between ordinary people and the clergy—monks and nuns—is kept to an absolute minimum. The rule is stricter for women, where they should take great care to avoid sitting or standing next to monks. Ordinary people should also not tower over sacred statues, monks, and nuns. In Dharma talks held in pavilions, the monks are always placed on a podium or in chairs, while the audience sits on the floor. It's also disrespectful to point one's feet (the dirtiest part of one's body) toward the monks, shrines, and altars—kneel or sit cross-legged instead.

In the Burmese social hierarchy, family elders and older people occupy a position of reverence. Address them by an age-appropriate pronoun, like "Big brother" (*A-koh*), "Big sister" (*A-ma*), "Uncle" (*Oo layy*) or "Aunty" (*A-daw*). If you must use their name, make sure to use the proper prefix as well (*Koh* for adult men, *Oo* for older gentlemen; *Ma* for adult women, *Daw* for older ladies).

Modesty, behavior guided by common sense, and respect for the local traditions would help make a good impression with the locals.

The Ongoing Debate: Burma or Myanmar?

"What's the name of the country? Is it Burma or Myanmar?" people frequently ask me to clarify. I'm afraid there's no simple answer. People usually pose this as a linguistic question. But they quickly learn the answer is sociopolitical.

Officially, the country is called The Republic of the Union of Myanmar. In his debut trip to the country, then President Obama began his historic speech with a symbolic nod to this name. He said "*Min ga-lah bah, Myanmar pyay*," or "Hello, the country of Myanmar!" (The ordinary Burmese were thrilled by his attempt to speak Burmese, while I'm sure members of the reformist government felt legitimized by his choice of the name "Myanmar" over "Burma".)

But you'll find that the Nobel laureate Aung San Suu Kyi, head of the current NLD-led government, frequently refers to the country as "Burma" in English. It's the name I grew up with, so it feels more natural to my tongue rather than calling it "Myanmar", which feels like a strange faraway land. I suspect Suu Kyi continues to use "Burma" for some of the same reasons I do. Old verbal habits are hard to break.

Some argue against "Burma" because it carries the stench of colonialism, a name given by the British rulers, which was part of the argument made by the previous military regime when it tried to replace many of the old British-era names with the new Burmese-flavored ones, e.g., Creek Road in Yangon became Bo Myat Tun Road). Yet, the root of "Burma" is distinctly Burmese. It stems from the Burmese word *Ba-mah*, which refers to the ethnic majority Burmans.

Others reason "Myanmar" is a better term—a more inclusive reference to cover the Shans, Karens, Kachins, and other ethnic minorities that also call the country home, although the nationalist group We the Burman Organization or "*Dohbama Asiayone*", which played a crucial role in the anti-colonial movements of the 1930s, would disagree. They believe the word *Ba-mah* refers not just to the Burmans but also the other ethnic groups. ("Myanmar and Burma mean the exact same thing", letter from Bertil Lintner, January 2012, The Financial Times, http://www.ft.com)

Ba-mah and *Myanmar* are also accepted as the spoken and literary versions of the same noun (even if what this noun refers to is still debated). Many Burmese speakers routinely write *Myanmar* to describe the country or the people, but pronounce the word as *Ba-mah* in conversation. This dilutes the argument that one word is more inclusive than the other.

The Burma-Myanmar debate will eventually be settled linguistically by the Burmese users' overwhelming usage of one as the preferred standard for the country and its people.

There is, however, a political answer to this linguistic dilemma. Choosing what some see as the name of the ethnic majority to represent the entire country will remain controversial as long as the ethnic minorities feel inadequately represented. The solution, therefore, rests with fostering trust, equality, and camaraderie among all ethnic groups within the country's border, regardless of their regional, culture, and religious differences. That, I humbly submit, is a surefire way to end the Burma-Myanmar debate.

On Burmese Pronunciation

Learn and imitate the singsong melody of the phrases to be able to pronounce the Burmese tones. For example, the tonal structure of *Nay kaungg laa* or "How are you?" is long-high-high, thus the second and third words (*kaungg laa*) should be pronounced in a tone higher than the initial word (*nay*). And the phrase *Loh jin dae* or "I want ..." is long-long-long, thus all three words should be fairly even in pitch.

There is a growing list of free YouTube Burmese tutorials featuring native speakers' pronunciations for you to emulate. My own clips are available at http://tinyurl.com/kwong-burmese-lessons; you can find others at http://www.facebook.com/burmeselesson.

TONES: Every vowel in Burmese can potentially be pronounced three ways:

- The **short tone** is voiced with a short, abrupt end, as if someone has interrupted you midway during a word. The effect is similar to English words like "bet", "cut", or "boot".
- The **long tone** is voiced with a sustained vowel that lingers, similar to the vowel sounds in English words like (the month of) "May" or (a soda) "can".
- The **high tone** is voiced as if you're raising your voice in excitement or hollering to get someone's attention. English speakers usually pronounce words like "blue", "blame", or "star" in such a fashion.

The tones are important to distinguish between words like စ *sa* "to begin", စာ *sa* "letter" or "literature", and စား *sa* "to eat", which would usually be rendered simply as *sa*.

- To signal a short tone in this book, we use the basic form *sa*, or with a *t* to round up the sound. In such instances, do not pronounce the *t*, but use it to shorten the vowel sound.
- A long tone is rendered as *sah* or *paw*. For instance, *paw* "to appear".
- To indicate a high tone, we double the vowel, so *sa* becomes *saa*. An *e* might be added to the vowel to artificially raise the tone, as in for *poe* "insect", or the end-letter may be doubled instead, as in *sainn* "green" (color).

Note: If I can achieve phonetic clarity by a simpler means, I employ it instead. For instance, "gourd" should be rendered as *Buu thee* but writing *Boo thee* is much more effective in conveying its actual sound. If a well-recognized English word already exists for a Burmese item, then that supercedes the romanization rules.

These artificial rules above help prevent the readers from making embarrassing mistakes, like mispronouncing *phaa* "frog" (high tone) as *phah* "prostitute" (long tone); or *hsih* "cooking oil" (long tone) as *hsii* "urine" (high tone). But keep in mind that the romanized pronunciations are merely approximations. To learn the proper pronunciation, you should spend some time conversing with a native speaker.

CONSONANTS: Many Burmese consonants map quite well to the standard English sounds, such as the English **m**, **n**, **s** and **g**. Some Burmese consonants simply do not have English equivalents. Here are the most challenging ones:
- *Ng* is the sound that appears in the middle of words like "si**ng**er" or in the end of words like "dri**nk**ing". But it doesn't usually appear as an initial sound in English.

- *Ny* is identical to the Spanish Ñ from El Niño (*Nin-yo*) or the Italian N in Signore.
- *Hs* is nearly identical to the English *s*, but pronounced with a sharper sibilant, and is called the aspirated *s*. The distinction between *s* and *hs* may not always be clear when speaking to someone, so use the context to decipher which consonant it is.
- When the letters *m*, *l* and *n* are spelled as ၡ , လျှ , or နှ, they are pronounced with the H-sound preceding the consonant, as *hm*, *hl*, *hn*, and so on. (The Burmese name for this little (-ှ-) diacritic mark means "Ha-inserted".) Pronounce them just like "Hmmm!" but remember to round it out with the **l** or **n** sound based on the second letter.
- *Ky* should sound heavier than the **ch** from chalk, but not as heavy as the **g** from "George". Pronounce the **ch**-sound without releasing too much air between your teeth and you'll be close to the actual Burmese pronunciation.

GUIDE TO CONSONANTS OR INITIAL SOUNDS

	Sounds like	Example	Meaning
b	**b**and, **b**ook, **b**one	*bah thah*	faith, religion
by	**b**eautiful, re**b**uke	*byee*	consonant letter
ch	**ch**urch, **ch**oose	*chit*	to love
d	**d**ance, **d**o, **d**oor	*dah*	this
g	**g**o, **g**ame, **g**un	*gih ta*	music
h	**h**e, **h**ome, **h**unt	*hah tha*	comedy
j	**j**im or **j**am	*joh*	planet
k	s**k**ate, s**k**ull or s**k**y	*ku*	to heal
kh	**k**ill, **k**ey or **K**ansas	*khaa*	bitter

ky	**ch**alk or **ch**osen but with less air escaping between the teeth	*kyaungg*	school
l	**l**ine, **l**one or **l**ump	*la*	moon
hl	voiced with a breathy *h* preceding the *l* (round "hmm" out with *l* instead)	*hla*	beautiful
m	**m**oon, **m**ore or **m**orning	*moe*	rain
hm	voiced with a breathy *h* preceding the *m* (round "hmm" out with *m* instead)	*hmaa*	wrong
my	**m**usic	*myint*	high, tall
n	**n**ame, **n**umber or **n**ormal	*nay*	sun
hn	voiced with a breathy *h* preceding the *n* (round "hmm" out with *n* instead)	*hna-lonne*	heart
ng	si**ng**er	*ngaa*	fish
ny	Spanish **ñ** from el ni**ñ**o pronounced *nin-yo*	*nya*	night
p	s**p**awn, s**p**ool or S**p**ain	*paan*	flower
ph	**p**awn, **p**ool or **p**ain, with a puff of air after the **p** sound	*phaa*	frog
py	s**p**ew, close to **ph**, but with less air escaping between the teeth	*pyaa*	bee
phy	**p**ew, **p**ure	*phyaa*	to be sick
r	**r**un, **r**ule, or **r**andom	*A-ma-ra puh-ra*	Amarapura city
s	**s**ame, **s**un or **s**ong	*saa*	to eat
hs	similar to **s** but with a sharper sibilant	*hsaa*	salt
sh	**sh**e, **sh**ine or **sh**ore	*shah*	to find

t	**st**one, **st**all or **st**able	*taung*	hill
ht	**t**one, **t**all or **t**able	*htaung*	prison
tw	similar to the **tw** from "**tw**in" or "**tw**ain", with the initial **t** like the **t** from "**st**one"	*twayy*	think
htw	**tw**in or **tw**ain	*htwayy*	spit out
th	**th**ought or **th**under	*thaa*	son
w	**w**ater, **w**oman or **w**in	*waa*	to chew
y	**y**es, **y**ou or **y**oung	*yonne*	office
z	**z**en or **z**ebra	*zayy*	market

GUIDE TO VOWEL SOUNDS

Vowel sounds in Burmese come from diacritic marks, like *ah*, *ih*, or *–uh*. In monosyllabic words like *la* "moon", the vowel **a** is just like the English **a** in "bar" or "car". But in polysyllabic words like *ya-htaa* "train", the first **a** vowel is **not fully** voiced. It's voiced partially, like the initial **a** in Amanda. The half-voiced **a** is followed by a hyphen in the romanization to indicate its sound rolls into the next syllable. I've singled out only the most commonly used vowels.

Vowels	Tones	Sounds like	Example	Meaning
a	short	st**a**r or sp**a**	*sa*	to begin
ah	long		*sah*	letter, word
aa	high		*saa*	to eat
i	short	m**e**	*thi*	to know
ih	long		*thih*	string together
ii	high		*thee*	to bear fruit

INTRODUCTION

Vowels	Tones	Sounds like	Example	Meaning
u	short	blue or sue	*ku*	to heal
uh	long		*kuh*	to help
uu	high		*kuu*	to cross
ayt	short	day or may	*mayt*	to forget
ay	long		*A-may*	mother
ayy	high		*mayy*	to ask
aet	short	care or bare	*maet*	without
ae	long		*mae*	indicates future tense
aee	high		*maee*	dark, black
awt	short	flaw or claw	*pawt*	light
aw	long		*paw*	to appear
aww	high		*paww*	abundant, inexpensive
o	short	so	*po*	to send
oh	long		*poh*	extra, more
oe	high		*poe*	bug, insect
int	short	sin or fin	*yint*	ripe, mature
in	long		*yin*	chest, breast
inn	high		*A-yinn*	capital, origin
ant	short	fun	*ya-nant*	scent
an	long		*nan*	stink
aan	high		*naan*	kiss, smell
ont	short	bone or alone	*mont*	snack
one	long		*mone lah*	radish
onne	high		*monne*	to hate

Vowels	Tones	Sounds like	Example	Meaning
aunt	short	**round** or	*saunt*	wait
aung	long	**sound**	*saung*	blanket
aungg	high		*saungg*	harp
aint	short	st**ain** or sl**ain**	*saint*	rich (with flavor)
ain	long		*sain*	diamond
ainne	high		*sainne*	green
aingt	short	gr**ind** or m**ind**	*jaint*	lunch box
aing	long		*paing*	to possess
aingg	high		*paingg*	to cut, divide

The following vowels should always be pronounced in the short tone with a hard stop.

ut	h**ut** or c**ut**	*thut*	to kill
et	m**et** or b**et**	*khet*	difficult
it	s**it** or f**it**	*chit*	to love
ote	b**oat**	*hote*	true, yes
aut	ab**out** or st**out**	*thauk*	drink
ait	b**ait** or w**ait**	*sait*	mind
ite	s**ite** or l**ite**	*lite*	follow

A Brief Guide to Burmese Grammar

Growing up in the heart of Yangon, I learned not one but two varieties of Burmese: The spoken (or conversational) version—for daily conversations, haggling over the price of fish in the open-air bazaar or poking fun at classmates—and the written (or literary) version, for filing reports to a superior, writing articles or literary masterpieces.

There are some distinct differences between the two. With spoken or conversational Burmese (which is what this book provides), you can say a lot of things without explicitly stating the subject and you can just recycle a handful of basic forms to create a string of short, simple sentences. In written or literary Burmese, you use a more elegant style, elevated diction, and stricter grammar, with a different set of conjunctions, prepositions, and sentence-end words.

YES-NO STATEMENTS

The easiest way to make a statement in Burmese is to follow a verb or an adjective with the affirmative sentence-end word, (*tae*, also pronounced *dae*). For example:

- The verb "to eat" is *saa*. Therefore, "I eat" is *saa dae* (The subject "I" is implied.)
- The adjective "hot" is *puh*. Therefore, "it's hot" is *puh dae* (The subject "it", e.g., the weather or item is implied.)

To make a negative statement, you add *ma* in front of the verb or the adjective, and end with the negative sentence-end word, *boo*. Thus, "I eat" *saa dae* becomes "I don't eat" *ma-saa boo*. Similarly "it's hot" *puh dae* will become *ma-puh boo* "It's not hot."

If the subject needs to be explicitly stated for clarity, then you can add it like this, e.g., *Thuh saa dae* "He/she eats", *Thuh ma-saa boo* "He/she doesn't eat", *Dih nayt puh dae* "It's hot today" and *Dih nayt ma-puh boo* "It's not hot today."

NOTE Many Burmese verbs that involve more than one word, like *yay koo* "swim" or *sah kyet* "study". "To swim" *yay koo* is made up of the word *yay* "water" and "to cross" or "pass" *koo*. Likewise, "to study" *sah kyet* is made up of the word *sah* "schoolwork" and *kyet* "to digest". To convert them from affirmative to negative, you have to insert the negative tag *ma* in front of the word that signifies the action (usually the second word). Therefore, "I don't swim" is *yay ma-koo boo* and "I don't study" is *sah ma-kyet phoo*.

PUNCTUATION

There are only two major punctuation marks in Burmese, which you'll come across in Burmese signs, pamphlets, and menus. The two vertical strokes in the end of a sentence functions like the period in English, while one stroke functions like the comma in English.

YES-NO QUESTIONS

To ask a Yes-No question, you use the question tag *laa*, e.g., "Is he/she coming?" *Thuh lah laa* or "Is it hot today?" *Dih nayt puh laa*.

Note the high tone in *laa*. By contrast, the verb "to come," *lah* is in the long tone, so it's pronounced with a lower pitch.

TENSES

Burmese verbs don't change no matter when the action takes place, thus *thuh lah dae* could mean "He/she is coming" or "He/she came". If you wanted to make a sentence with "yesterday" *ma-nayt ga*, you could say *Ma-nayt ga thuh lah dae* "He/she came yesterday" or *Ma-nayt ga puh dae* "It was hot yesterday".

When talking about future events or actions, change the sentence-end word from *tae* to *mae* as well as the question tag to *ma-laa*. For example: *Ma-net phyan thuh lah mae* "He/she will be coming tomorrow" or *Ma-net phyan puh ma-laa* "Will it be hot tomorrow?"

For Who, What, Where, When or Why questions about the future, use *ma-laee* as the question tag, e.g., *Bae thuh lah ma-laee* "Who's coming?" or "Who will be coming?"

With future-negative sentences, the sentence-end word remains unchanged, e.g., *Dih nayt ma-puh boo* "It's not hot today" or *Ma-net phyan ma-puh boo* "It won't be hot tomorrow." If you really want to emphasize that an action has already occurred—entirely optional, since native speakers sometimes omit it as well—you may add *khaet* (sometimes pronounced *gaet*), that is, "Yesterday he/she came" is *Ma-nayt ga thuh lah gaet dae*, or literally "Yesterday he come (already)".

SUBJECT AND OBJECT TAGS

In a statement like *Thuh Yangon thwaa mae*, the subject and the object are quite clear. No reasonable person will conclude that Yangon, a city will be traveling, *thwaa* "to go", to *thuh* "he/she". The only logical interpretation is "He/she will go to Yangon."

But what about a statement like *Ma Ma Oo Layy mayy dae?* The verb *mayy*, "to ask" is clear enough. But there are two people involved: *Ma Ma* and *Oo Layy*. Who is the subject doing the asking? Who is the object being asked? In such cases, you should use subject and object tags to clarify your meaning, like this: *Ma Ma ga Oo Layy goh mayy dae.*

The subject tag *ga*, (sometimes pronounced *ka*) shows that *Ma Ma* is the one asking questions. The object tag *goh* (sometimes pronounced *koh*) shows that Oo Layy is the one being asked. Now it's clear that the statement means, "Ma Ma asks Oo Layy [a question]."

With these tags correctly placed behind the subject and the object, you can even flip the order of the two nouns and still be confident your meaning is clear. *Oo Layy goh Ma Ma ga mayy dae* still has exactly the same meaning as *Ma Ma ga Oo Layy goh mayy dae*. Subject and object tags are important in statements like these:

- I bought him coffee. *Kya-naw ga thu goh kaw phe tike tae.*
- Oo Layy took Ma Ma to the market. *Oo Layy ga Ma Ma goh zayy po payy dae.*

PLURALS

In spoken Burmese, form plurals by adding the tags, *do* (short tone, sometimes pronounced *to*) for humans, and *dway* (long tone, sometimes pronounced *tway*) for most animals and inanimate objects, e.g., "flowers" *paan dway*. For example, "*Ma Ma* and her group" would be *Ma Ma do*, and "flowers" *paan dway*.

I (male)	*kya-naw*	I (female)	*kya-ma*
We (male)	*kya-naw do*	We (female)	*kya-ma do*
You (male)	*kha-myaa*	You (female)	*shin*
You (male)	*kha-myaa do*	You (female)	*shin do*
He (male), she (female)	*thuh*		
They (male and female)	*thuh do*		

With plural verbs, you may add the tag *kya* (sometimes pronounced *ja*) to indicate the action is taken collectively by more than one person. Compare "He/she goes to school" *Thuh kyaungg thwaa dae* and "They go to school" *Thuh do kyaungg thwaa ja dae*. But native speakers do not always use the plural tag, so you may omit it for simplicity.

TIP: In this book, we use [MALE] and [FEMALE] so readers can easily identify which phrase they should use, according to their gender.

POSSESSIVES

The first-person pronoun for a male speaker is *kya-naw*. The word ends in the long tone, with a lingering vowel sound. To make it the possessive "my", pronounce it with the short tone, so it becomes *kya-nawt*, thus "my coffee" will be *kya-nawt kaw phe*.

The first-person pronoun for a female is *kya-ma*, pronounced in the short tone. You use the same phrase for "I" or "my", thus "my coffee" is *kya-ma kaw phe*.

The pronoun for "he/she" is *thuh*. It's pronounced by default in the mid tone, with a lingering vowel sound. To make it possessive, pronounce it with the low tone to become *thu*. "His/her coffee" will then be *thu kaw phe*.

Similarly, with proper names, like Kelly or John, you use the possessive tag *yaet*. "Kelly's coffee" is *Kelly yaet kaw phe*, and "John's coffee" is *John yaet kaw phe*.

The same tag is also used to form plural possessives. "Our coffee" (males) is *kya-naw do yaet kaw phe*, "our coffee" (females) is *kya-ma do yaet kaw phe* and "their coffee" is *thuh do yaet kaw phe*.

TIP: If converting first-person and second-person pronouns into the possessive form through tones is too problematic, you can use the possessive tag *yaet*, (short tone) for all instances. With this approach, you might come across as overly correct or proper, but the formula will be consistent and easy to follow.

WHO, WHAT, WHERE, WHEN, WHY

The question tag for the "W-questions" is generally *laee*, (high tone, for present and past events) or *ma-laee* (high tone, for future events). The expressions to ask these "W-questions" in Burmese are as follows:

Who: *Bae thuh*, e.g., "Who is coming to Yangon?" *Bae thuh Yangon lah laee* or "Who is he/she?" *Thuh bae thuh laee*.

What: *Bah*, e.g., "What will you be eating today?" *Dih nayt bah saa ma-laee* or "What did he eat?" *Thuh bah saa gaet laee*.

Where: *Bae*, (or) Where at: *Bae hmah*, e.g., "Where is Shwe Dagon?" *Shwe Dagon bae hmah laee* or "Where will you be going (lit., will go) today?" *Dih nayt bae thwaa ma-laee*. ("You" is implied, not stated.)

When: *Bae dawt*, e.g., "When will you be going (lit. you go) to Yangon?" *Bae dawt Yangon thwaa ma-laee*. ("You" is implied, not stated.) "When will they be coming (lit., will they come)?" *Bae dawt thuh do lah ma-laee*.

Why: *Bah lo*, (or) *Bah jaunt*, e.g., "Why is he coming (lit. does he come) to Yangon?" *Bah lo thuh Yangon lah laee* or "Why is he not coming (lit. does he not come) to Yangon?" *Bah lo thuh Yangon ma-lah lae*.

PREPOSITIONS

In statements that involve multiple people and places, some prepositions are necessary. For example:

With or And: *Naet*, e.g., "I am going to Yangon with Ma Ma." (Male speaker) *Kya-naw Ma Ma naet Yangon thwaa dae* or *Kya-ma Ma Ma naet Yangon thwaa dae*. (Female speaker)

From: *Ka*, sometimes pronounced *Ga* and To: *Koh*, sometimes pronounced *Goh*, e.g., "He/she is coming from Mandalay to Yangon." (lit., He/she comes from Mandalay to Yangon.) *Thuh Mandalay ga Yangon goh lah dae*.

For: *A-twet*, or *Pho*, sometimes pronounced *Bo*, e.g., "I am buying coffee for him/her." *Kya-ma thu a-twet kaw phe wae dae* (Female speaker) or *Kya-naw thu a-twet kaw phe wae dae*. (Male speaker).

Because of: *Kyaunt*, sometimes pronounced *Jaunt*, e.g., "I have come to Yangon because of him/her." (lit., I come to Yangon because of him/her). *Kya-ma thu jaunt Yangon lah dae* (Female speaker) or *Kya-naw thu jaunt Yangon lah dae*. (Male speaker).

COMMANDS, APPEALS, AND PROPOSALS

Make an affirmative statement with the ending suffix *tae* and use *boo* to make a negative statement. Here are a few more useful suffixes:

Forbid an action with *naet*, e.g., "Don't drink coffee" *Kaw phe ma-thauk naet.*

Urge something to be done quickly with *lite*, i.e., "Go ahead and drink coffee", *Kaw phe thauk lite.*

Rally others to join you in an action with *kya so*, (sometimes pronounced *ja zo* or *ya aung*). The two are interchangeable. For example, "Let's drink coffee" or *Kaw phe thauk kya zo/Kaw phe thauk ya aung.*

Make a request with *pah*, (sometimes pronounced *bah*), i.e., "Please give me coffee" or *Kaw phe payy bah.*

The grammar rules for spoken Burmese outlined above covers only the most basic elements. But these should be quite sufficient to get you started.

In many examples above, I indicated that certain words have two possible pronunciations. That's because many Burmese words are voiced differently depending on the word that comes before (even though it's spelled exactly the same in the written form). There are rules that govern when the soft consonants (*tae, tway*) should be substituted with the heavier counterparts (*dae, dway*). But the rules are difficult to follow if you do not know how to decipher the written script. Therefore, for the purpose of instant communication, you're much better off following the clues in the romanized voicing guide than to learn the rules.

PART ONE
Everyday Phrases

Useful Phrases

Greetings!/Hello!	*Min ga-lah bah!*	မင်္ဂလာပါ။
Yes!/Right/Correct!	*Hoke kaet!*	ဟုတ်ကဲ့။
Is that so?/ Is that the case?	*Hoke laa.*	ဟုတ်လား။
It is so./ That is the case.	*Hoke tae.*	ဟုတ်တယ်။
It's not so./ It's not true.	*Ma hoke phoo.*	မဟုတ်ဘူး။

NOTE Use *hoke kaet* like the English "yes" to express agreement or acceptance. However, the negative form *ma hoke phoo* is **not** a generic word for negation like the English "no". *Ma hoke phoo* means "It's not true." Therefore, it's not a suitable response to someone asking, "Are you feeling well?" (*Nay kaungg laa*), or someone insisting, "Please drink!" (*Thauk pah*).

Expressing Yourself

Is it good? *Kaungg laa.* ကောင်းလား။

It's good. *Kaungg dae.* ကောင်းတယ်။

It's not good. *Ma-kaungg boo.* မကောင်းဘူး။

Do you like it? *Kyite laa.* ကြိုက်လား။

I like it. *Kyite tae.* ကြိုက်တယ်။

I don't like it. *Ma-kyite phoo.* မကြိုက်ဘူး။

Do you know? *Thi laa.* သိလား။

I know. *Thi dae.* သိတယ်။

I don't know. *Ma-thi boo.* မသိဘူး။

Got it? OK? Fine? *Ya laa.* ရလား။

Got it. OK. Fine. *Ya dae.* ရတယ်။

Not OK. Not fine. *Ma-ya boo.* မရဘူး။

Never mind. *Kait sa ma-shi boo.* ကိစ္စမရှိဘူး။

Are you feeling well? *Nay kaungg laa.* နေကောင်းလား။

Everyday Phrases 33

I'm feeling well. *Nay kaungg bah dae.*
နေကောင်းပါတယ်။

I'm hungry. *Bike hsah dae.* ဗိုက်ဆာတယ်။

I'm tired. *Maww dae.* မောတယ်။

I'm bored. *Pyinn dae.* ပျင်းတယ်။

I'm happy. *Pyaw dae.* ပျော်တယ်။

NOTE *Pyaw dae* uses the sentence structure Adjective + *dae*. Leave out the pronoun if you're talking about your own feelings, but if the subject is someone else, add their name or title in front, e.g., *Kelly pyaw dae* "Kelly is happy".

a little bit *naee naee* နည်းနည်း

a lot *a-myaa jee* အများကြီး

very *thait* သိပ်

I'm sorry; I'm sad to hear (that). *Sait ma-kaungg boo.*
စိတ်မကောင်းဘူး။

I'm sorry for my imposition. *Arh nah dae.*
အားနာတယ်။

NOTE *Arh nah dae* is a quintessential Burmese expression, used to apologize for imposing on someone, i.e., "I'm sorry to ask you for such a huge favor" or to politely refuse a gift, present, or favor, i.e., "What you're offering is too much; I can't accept this."

Please excuse me. *Ma-taw lo bah.* မတော်လို့ပါ။

Please don't be offended. *Sait ma-shi bah naet.* စိတ်မရှိပါနဲ့။

Coming and Going

Will you be going? *Thwaa ma-laa.* သွားမလား။

I'll be going./I'll go. *Thwaa mae.* သွားမယ်။

I won't be going. *Ma-thwaa boo.* မသွားဘူး။

Will you be coming? *Lah ma-laa.* လာမလား။

I'll be coming./I'll come. *Lah mae.* လာမယ်။

I won't be coming. *Ma-lah boo.* မလာဘူး။

Will you be going back? *Pyan ma-laa.* ပြန်မလား။

I'll be going back. *Pyan mae.* ပြန်မယ်။

I won't be going back. *Ma-pyan boo.* မပြန်ဘူး။

Where will you be going? *Bae thwaa ma-laee.* ဘယ်သွားမလဲ။

Where did you come from? *Bae ga lah-laee.*
ဘယ်ကလာလဲ။

I'll be going now. *Thwaa dawt mae.* သွားတော့မယ်။

I'll be going back (home) now. *Pyan ohnn mae.*
ပြန်ဦးမယ်။

Let's go. *Thwaa ja zo.* သွားကြစို့။
Thwaa ya aung. သွားရအောင်။

Popular Cities and Destinations

NOTE For city and place names, the standardized spelling—likely to yield more results if you're looking for a place in reference books or online—is provided first, followed by the romanized pronunciation guide and Burmese script.

Yangon a.k.a Rangoon	*Yan gone*	ရန်ကုန်
Mandalay	*Maan da-layy*	မန္တလေး
Pathein a.k.a Bassein	*Pa-thain*	ပုသိမ်
Pyay a.k.a. Prone	*Pyay*	ပြည်
Bagan a.k.a. Pagan	*Ba-gun*	ပုဂံ
Nyaung Oo	*Nyaung oo*	ညောင်ဦး
Taung Gyi	*Taung jee*	တောင်ကြီး
Inlay	*Inn layy*	အင်းလေး
Kalaw	*Ka-laww*	ကလော
Mawlamyaing a.k.a. Moulemein	*Maw la-myaing*	မော်လမြိုင်

Naypyidaw	*Nay pyih daw*	နေပြည်တော်
Sittwe	*Sit tway*	စစ်တွေ
Pyin Oo Lwin a.k.a. **May Myo**	*Pyin oo lwin*	ပြင်ဦးလွင်
Kyaingtong, Chiang Tung, or Kengtung	*Kyaingg tone*	ကျိုင်းတုံ
Tachileik	*Tar chih lait*	တာချီလိတ်
Hsipaw	*Thi baww*	သီပေါ
Amarapura	*A-ma-ra puh ra*	အမရပူရ

POPULAR DESTINATIONS

Shwe Dagon Pagoda	*Shwe da-gone pha-yaa*	ရွှေတိဂုံဘုရား
Sule Pagoda	*Suu lay pha-yaa*	ဆူးလေဘုရား
Bogyoke Market	*Boh jote zayy*	ဗိုလ်ချုပ်ဈေး
Botataung Pagoda	*Boh ta htaung pha-yaa*	ဗိုလ်တစ်ထောင်ဘုရား
Bogyoke Aung San Park	*Bo jote paan jan*	ဗိုလ်ချုပ်ပန်းခြံ
Bandoola Park	*Ban duu la paan jan*	ဗန္ဓုလပန်းခြံ
Inya Lake	*Inn yaa kan*	အင်းယားကန်
Kan Daw Gyi Lake	*Kan daw jee*	ကန်တော်ကြီး
Mahamuni Pagoda	*Ma-ha myut mu ni*	မဟာမြတ်မုနိ
Mandalay Palace	*Maan da-layy naan daw*	မန္တလေးနန်းတော်

Mount Popa	*Pote paa taung*	ပုပ္ပါးတောင်
Zay Cho Market	*Zayy joh zayy*	ဈေးချိုဈေး
Ananda Temple	*Ah nun dah zay di*	အာနန္ဒာစေတီ
Kaunghmudaw Pagoda	*Kaungg hmuu daw pha-yaa*	ကောင်းမှုတော်ဘုရား
Pyin Oo Lwin Botanical Garden	*Pyin oo lwin yote kha bay da paan jan*	ပြင်ဦးလွင် ရုက္ခဗေဒ ပန်းခြံ
U Bein Bridge	*Oo pain da-daa*	ဦးပိန်တံတား
Inle Lake	*Inn layy kan*	အင်းလေးကန်
Phaungdawoo Pagoda	*Phaung daw oo pha-yaa*	ဖောင်တော်ဦးဘုရား

KEY NAMES AND PLACES

airport	*lay zait*	လေဆိပ်
bank	*bun*	ဘဏ်
court	*ta-yaa yonne*	တရားရုံး
embassy	*thun yonne*	သံရုံး
hospital (clinic)	*hsayy gaan*	ဆေးခန်း
hospital	*sayy yone*	ဆေးရုံ
hotel	*haw tae*	ဟော်တယ်
Internet shop/ Internet café	*In tah net saing*	အင်တာနက်ဆိုင်
motel/guesthouse	*taee khoh gaan*	တည်းခိုခန်း
police station	*yaee sa-khaan*	ရဲစခန်း
restroom	*ain thah*	အိမ်သာ
telephone shop	*phonne saing*	ဖုန်းဆိုင်

A 'telephone shop' or 'phone store' is where travelers can buy a one-time-use phone, SIM card, memory cards, chargers and other telecommunication-related items.

Eating and Drinking

Will you be eating/Will you eat?   *Saa ma-laa.*
စားမလား။

I'll be eating. (I'll eat.)   *Saa mae.*   စားမယ်။

I won't be eating.   *Ma-saa boo.*   မစားဘူး။

What will you be eating?   *Ba saa ma-laee.*
ဘာစားမလဲ။

Let's eat.   *Saa ja zo.*   စားကြစို့။
        Saa ya aung.   စားရအောင်။

Will you be drinking?   *Thauk ma-laa.*   သောက်မလား။

I'll have a drink (I'll drink).   *Thauk mae.*   သောက်မယ်။

I won't be drinking.   *Ma-thauk phoo.*   မသောက်ဘူး။

Let's drink.   *Thauk kya zo.*   သောက်ကြစို့။
        Thauk ya aung.   သောက်ရအောင်။

Everyday Phrases

FOOD ITEMS

Mohinga   *Mote hinn gaa*   မုန့်ဟင်းခါး
Catfish chowder with noodle

Ohn no khauk swe   *Ohn no khaut swaee*   အုန်းနို့ခေါက်ဆွဲ
Coconut noodle soup

Nan gyi thoke   *Naan jee thoke*   နန်းကြီးသုပ်
Noodle with chunky chicken sauce

Laphet thoke or Lephet thoke   *La-phet thoke*   လက်ဖက်သုပ်
Tealeaf salad

Gin thoke   *Jinn thoke*   ဂျင်းသုပ်
Ginger salad

Asone thoke   *A-sone thoke*   အစုံသုပ်
Mixed salad with rice, noodle, vermicelli, and vegetables

Thayet thee thoke   *Tha-yet thee thoke*   သရက်သီးသုပ်
Shredded mango salad

Boo thi kyaw or Boo thi gyaw   *Boo thee jaw*   ဘူးသီးကြော်
Fried gourd, fried squash

Kyat thon kyaw or Kyaat thon gyaw   *Kyet thon jaw*   ကြက်သွန်ကြော်
Fried onion cake

MEAT TYPES

fish	*ngaa*	ငါး
poultry	*kyet thaa*	ကြက်သား
pork	*wet thaa*	ဝက်သား
beef	*a-maee thaa*	အမဲသား
meat-free	*thet thut lute*	သက်သတ်လွတ်
vegetables	*hinn thee*	ဟင်းသီးဟင်းရွက်
	hinn ywet	
broth or clear soup	*hinn yay* or *hinn joh*	ဟင်းရည်၊ ဟင်းချို

NOTE The Burmese word for meat-free dish *Thet thut lute* quite literally means "killing-free meal", that is, no animal was harmed in the preparation of that dish.

fish dish	*ngaa hinn*	ငါးဟင်း
poultry dish	*kyet thaa hinn*	ကြက်သားဟင်း
pork dish	*wet thaa hinn*	ဝက်သားဟင်း
beef dish	*a-maee thaa hinn*	အမဲသားဟင်း
deep-fried fish	*ngaa kyaw*	ငါးကြော်
fried shrimp	*pa-zon kyaw*	ပုဇွန်ကြော်
fried shrimp cake	*pa-zon gwet kyaw*	ပုဇွန်ကွက်ကြော်
fried pork	*wet thaa jaw*	ဝက်သားကြော်
fried chicken	*kyet thaa jaw*	ကြက်သားကြော်
fried beef	*a-maee thaa jaw*	အမဲသားကြော်
pungent, salty fish paste	*nga-pi*	ငါးပိ

fried fish and shrimp crumbles	*nga-pi jaw*	ငါးပိကြော်
chili and fish paste	*nga-pi daungg*	ငါးပိထောင်း
fish paste as dipping sauce	*nga-pi yay joh*	ငါးပိရည်ကျို

BEVERAGES

sweet tea	*la-phet yay*	လက်ဖက်ရည်
(Burmese version of Chai)		
coffee	*kaw phe*	ကော်ဖီ
plain tea	*yay nwaee jaan*	ရေနွေးကြမ်း
beer	*be yah*	ဘီယာ
fruit juice	*phyaw yay*	ဖျော်ရည်
soda	*so dah*	ဆိုဒါ
faluda	*phah luh dah*	ဖါလူဒါ
(Indian dessert drink)		
orange juice	*lain maw yay*	လိမ္မော်ရည်
lemonade	*than ma-yah yay*	သံပရာရည်
avocado drink	*htaww but thee phyaw yay*	ထောပတ်သီးဖျော်ရည်
iced water	*yay gaee yay*	ရေခဲရေ
bottled water	*yay thant*	ရေသန့်
alcohol	*a-yet*	အရက်
whisky	*wih sa-kih*	ဝီစကီ
wine	*waing*	ဝိုင်

PART TWO
Common Scenarios

Polite Forms of Address

How you say "I", "You", and "We" in Burmese is determined by your gender; and your relationship to the other person.

Burmese people use the informal pronouns "you" *minn* (or) *nin* and "I" *nga* for only with those in their inner circle, that is, their siblings, childhood friends or spouses. Older people may use them on younger ones, but rarely the other way around. My parents might call me *minn* but I'd never dream of addressing them in the same way.

In professional settings, men generally use *kya-naw* and women use *kya-ma* for "I". Men can use *kha-myaa* and women can use *shin* to address others as "you" when speaking to those in similar age range and who are social equals.

When speaking to those who are much older or socially superior (for example, a teacher or a supervisor), use the other person's full name with the proper honorific *Oo Ba Thaw* for a gentleman named *Ba Thaw*; or *Daw Khin May* for a lady named *Khin May*, for example. Alternatively, they may also use a relationship term (for their manager) such as "Uncle" *Oo Layy* if the latter is old enough to warrant the term. For the same reason, a young woman might call her neighbor, without any familial relations, "Aunty" (*A-daw*), thus according the older person the same respect as he would to his or her own family elder.

Students usually address their teachers as *Sa-yah* (male teacher) or *Sa-yah ma* (female teacher) even after they have graduated. The word for male teacher, *Sa-yah*, is also frequently used by employees to refer to their older, male supervisors, as it roughly means the same as "Boss" in that context. You wouldn't use "female teacher" or *Sa-yah ma* in the same way though. Instead, use relationship terms like "elder sister" *A-ma* for someone slightly older or "Aunty" *Un-tih* for a much older female co-worker.

Young women commonly address their older boyfriends as *A-koh* "big brother" and men often address their younger girlfriends as *Nyih ma* "little sister", which are also used as terms of endearment, like "darling" or "honey". Other commonly used terms of endearment may include *A-chit* "Love", *Chit-thaee* "Beloved heart" or *A-thaee layy* "Little heart".

AGE-APPROPRIATE HONORIFICS

Maung, for young men before adulthood
Koh (usually written *Ko*), for adult men
Oo (usually written *U*), for men (middle aged or older)
Ma, for young women and adult women
Daw, for women (middle aged or older)

SINGULAR PRONOUNS

I [INFORMAL]	*Ngah*	ငါ
I [MALE SPEAKER, FORMAL]	*Kya-naw*	ကျွန်တော်
I [FEMALE SPEAKER, FORMAL]	*Kya-ma*	ကျွန်မ
you [MALE SPEAKER, INFORMAL]	*minn*	မင်း
you [FEMALE SPEAKER, INFORMAL]	*nin*	နင်
you [MALE SPEAKER, FORMAL]	*kha-myaa*	ခင်ဗျား
you [FEMALE SPEAKER, FORMAL]	*shin*	ရှင်
he/she	*thuh*	သူ
little brother [MALE SPEAKER]	*nyih layy*	ညီလေး
little brother [FEMALE SPEAKER]	*maung layy*	မောင်လေး
big brother	*a-koh*	အကို
little sister	*nyih ma layy*	ညီမလေး
big sister	*a-ma*	အမ
uncle	*oo layy*	ဦးလေး
aunty	*a-daw*	အဒေါ်
grandpa	*a-phoe*	အဖိုး
grandma	*a-phwaa*	အဖွား
male teacher	*sa-yah*	ဆရာ
female teacher	*sa-yah ma*	ဆရာမ
friend	*mait sway* or *tha-ngae jinn*	မိတ်ဆွေ သူငယ်ချင်း

PLURAL PRONOUNS

you [PLURAL, CASUAL]	*minn do*	မင်းတို့
you [PLURAL, FORMAL]	*kha-myah do*	ခင်ဗျားတို့
we [PLURAL, CASUAL]	*ngah do*	ငါတို့
we [MALE, FORMAL]	*kya-naw do*	ကျွန်တော်တို့

PART TWO

we [FEMALE, FORMAL]	*kya-ma do*	ကျွန်မတို့
they	*thuh do*	သူတို့
little brothers [MALE SPEAKER]	*nyih layy do*	ညီလေးတို့
little brothers [FEMALE SPEAKER]	*maung layy do*	မောင်လေးတို့
big brothers	*a-koh do*	အကိုတို့
big sisters	*a-ma do*	အမတို့
little sisters	*nyih ma layy do*	ညီမလေးတို့
uncles	*oo layy do*	ဦးလေးတို့
aunties	*a-daw do*	အဒေါ်တို့
grandpas	*a-phoe do*	အဖိုးတို့
grandmas	*a-phwaa do*	အဖွားတို့
teachers	*sa-yah do*	ဆရာတို့
female teachers	*sa-yah ma do*	ဆရာမတို့
friends	*mait sway do* **or** *tha-ngae jinn do*	မိတ်ဆွေတို့ သူငယ်ချင်းတို့

Meeting People

Nice to meet you! (lit., a pleasure to meet you)
Twayt ya dah waan thah bah dae.
တွေ့ရတာဝမ်းသာပါတယ်။

My name is Henry. *Kya-nawt na-mae Henry bah.*
ကျွန်တော့်နာမည် *Henry* ပါ။

My name is Jenny. *Kya-ma na-mae Jenny bah.*
ကျွန်မ နာမည် *Jenny* ပါ။

I'm from San Francisco.
[MALE] *Kya-naw San Francisco ga bah.*
ကျွန်တော် *San Francisco* ကပါ။

I'm from Chicago.
[FEMALE] *Kya-ma Chicago ga bah.*
ကျွန်မ *Chicago* ကပါ။

I'm American.
[MALE] *Kya-naw American bah.*
ကျွန်တော် *American* ပါ။
[FEMALE] *Kya-ma American bah.*
ကျွန်မ အမေရိကန် ပါ။

What's your name? *Namae bae loh khaw laee.*
နာမည်ဘယ်လိုခေါ်လဲ။

Where do you live? *Bae hmah nay laee.*
ဘယ်မှာနေလဲ။

Where did you come from? *Bae ga lah laee.*
ဘယ်ကလာလဲ။

I'm a school teacher.
[MALE] *Kya-naw kyaungg hsa-yah bah.*
ကျွန်တော် ကျောင်းဆရာပါ။

I'm an author.
[FEMALE] *Kya-ma sah yayy hsa-yah ma bah.*
ကျွန်မစာရေးဆရာမပါ။

OCCUPATIONS

bank employee	*bun won daan*	ဘက်ဝန်ထမ်း
businessman/ businesswoman	*lote ngann shin*	လုပ်ငန်းရှင်
chef	*sa-phoh hmuu*	စားဖိုမှူး
cook	*hta-minn jet*	ထမင်းချက်
diplomat	*thun da-mun*	သံတမန်
engineer	*in jin ne-ah*	အင်ဂျင်နီယာ
female student	*kyaungg thuh*	ကျောင်းသူ
gardener/ landscaper	*u yin hmoo*	ဥယျာဉ်မှူး
general store staff	*kone zone zaing won daan*	ကုန်စုံဆိုင်ဝန်ထမ်း
general store owner	*kone zone zaing paing shin*	ကုန်စုံဆိုင်ပိုင်ရှင်
government employee	*a-soe ya won daan*	အစိုးရဝန်ထမ်း
lecturer	*ka-hti ka*	ကထိက

male student	*kyaungg thaa*	ကျောင်းသား
military officer	*sit boh*	စစ်ဗိုလ်
office clerk	*yonne sa-yayy*	ရုံးစာရေး
office staff	*yonne won daan*	ရုံးဝန်ထမ်း
painter/artist	*ba-jih hsa-yah*	ပန်းချီဆရာ
poet	*ga-byah hsa-yah*	ကဗျာဆရာ
police officer	*yae a-yah shi*	ရဲအရာရှိ
policeman	*yae thaa*	ရဲသား
policewoman	*yae may*	ရဲမေ
professor	*pah mauk kha*	ပါမောက္ခ
restaurant owner	*saa thauk hsaing paing shin*	စားသောက်ဆိုင်ပိုင်ရှင်
sales clerk	*a-yaung sa-yayy*	အရောင်းစာရေး
sculpture artist	*ba-bu hsa-yah*	ပန်းပုဆရာ
soldier	*sit thaa*	စစ်သား
traveler	*ga-bah hlaet kha-yee thae*	ကမ္ဘာလှည့်ခရီးသည်
waiter, waitress	*za-bwae doe*	စားပွဲထိုး
unemployed	*a-lote let maet*	အလုပ်လက်မဲ့
vendor	*zayy thae*	ဈေးသည်

May I introduce (you two)? *Mait hset payy pya zay.*
မိတ်ဆက်ပေးပါရစေ။

This is my friend.
   [MALE] *Dah kya-nawt tha-ngae jinn bah.*
   ဒါကျွန်တော့် သူငယ်ချင်းပါ။
   [FEMALE] *Dah kya-ma tha-ngae jinn bah.*
   ဒါကျွန်မသူငယ်ချင်းပါ။

He/she is my friend.
   [MALE] *Thuh kya-nawt tha-ngae jinn bah.*
   သူကျွန်တော့် သူငယ်ချင်းပါ။
   [FEMALE] *Thuh kya-ma tha-ngae jinn bah.*
   သူကျွန်မသူငယ်ချင်းပါ။

His name is Collins.   *Thu namae Collins bah.*
   သူ့ နာမည် Collins ပါ။

He's/she's Chinese.   *Thuh ta-yoke lu myoe bah.*
   သူတရုတ်လူမျိုးပါ။

He's/she's from Hong Kong.   *Thuh Hong Kong ga bah.*
   သူ Hong Kong ကပါ။

He/she came from Hong Kong.
   Thuh Hong Kong ga lah dae.
   သူ Hong Kong ကလာတယ်။

He/she lives in Hong Kong.
   Thuh Hong Kong hmah nay dae.
   သူ Hong Kong မှာနေတယ်။

Common Scenarios

Have you been to San Francisco?
San Francisco yauk phoo laa.
San Francisco ရောက်ဖူးလား။

I've been to Burma before.
[MALE] *Kya-naw Myanmar pyay a-yin ga yauk phoo dae.*
ကျွန်တော်မြန်မာပြည်အရင်ကရောက်ဖူးတယ်။
[FEMALE] *Kya-ma Myanmar pyay a-yin ga yauk phoo dae.* ကျွန်မမြန်မာပြည်အရင်ကရောက်ဖူးတယ်။

He's/she's been to Burma before.
Thuh Myanmar pyay a-yin ga yauk phoo dae.
သူ မြန်မာပြည်အရင်ကရောက်ဖူးတယ်။

I've never been to Burma before.
[MALE] *Kya-naw Myanmar pyay a-yin ga ma yauk phoo boo.* ကျွန်တော် မြန်မာပြည်အရင်ကမရောက်ဖူးဘူး။
[FEMALE] *Kya-ma Myanmar pyay a-yin ga ma yauk phoo boo.* ကျွန်မမြန်မာပြည်အရင်ကမရောက်ဖူးဘူး။

He's/she's never been to Burma before.
Thuh Myanmar pyay a-yin ga ma-yauk phoo boo.
သူ မြန်မာပြည်အရင်ကမရောက်ဖူးဘူး။

He's a school teacher. *Thuh kyaungg hsa-yah bah.*
သူ ကျောင်းဆရာပါ။

I'd like to keep in touch.   *Nauk hset thwae jin dae.*
နောက်ဆက်သွယ်ချင်တယ်။

Please keep in touch.   *Nauk laee hsaet thwae bah.*
နောက်လည်းဆက်သွယ်ပါ။

May I have (lit., know) your phone number?
Phone num but layy thi pya zay.
ဖုန်းနံပါတ်လေးသိပါရစေ။

May I have your email?
Email lait sah layy thi pya zay.
အီးမေးလိပ်စာလေးသိပါရစေ။

May I add you on Facebook?
Facebook hmah add loke lo ya ma-laa.
Facebook မှာ add လုပ်လို့ရမလား။

This is my phone number.
[MALE] *Dah kya-nawt phone num but pah.*
ဒါကျွန်တော့် ဖုန်းနံပါတ်ပါ။
[FEMALE] *Dah kya-ma phone num but pah.*
ဒါကျွန်မဖုန်းနံပါတ်ပါ။

This is my email address.
[MALE] *Dah kya-nawt email lait sah bah.*
ဒါကျွန်တော့် အီးမေးလိပ်စာပါ။
[FEMALE] *Dah kya-ma email lait sah bah.*
ဒါကျွန်မအီးမေးလိပ်စာပါ။

NATIONALITIES

Japanese	*Ja-pan luh myoe*	ဂျပန်လူမျိုး
German	*Jar mun luh myoe*	ဂျာမန်လူမျိုး
American	*A-may ri kan luh myoe*	အမေရိကန်လူမျိုး
Indian	*Ain di ya luh myoe*	အိန္ဒိယလူမျိုး
British	*Inn ga-lait luh myoe*	အင်္ဂလိပ်လူမျိုး
Korean	*Ko ree yaan luh myoe*	ကိုရီးယန်းလူမျိုး
French	*Pyin thit luh myoe*	ပြင်သစ်လူမျိုး
Chinese	*Ta-yoke luh myoe*	တရုတ်လူမျိုး
Vietnamese	*Bih yet nun luh myoe*	ဗီယက်နမ်လူမျိုး
Thai	*Yoe da-yaa luh myoe*	ယိုးဒယားလူမျိုး
Malaysian	*Ma-layy shaa luh myoe*	မလေးရှားလူမျိုး
Singaporean	*Sin kah puh luh myoe*	စင်ကာပူ လူမျိုး
Australian	*Aw sa-tayy lya luh myoe*	ဩစတြေးလျ လူမျိုး
Canadian	*Ka-nay dah luh myoe*	ကနေဒါ လူမျိုး

ETHNICITIES

Mixed blood	*Ka byaa*	ကပြား
American-Chinese	*A-may rih kan ta-yoke ka byaa*	အမေရိကန်တရုတ်ကပြား
Chinese-Burmese	*Ta-yoke Myanmar ka byaa*	တရုပ်မြန်မာကပြား

I'm a Christian.

[MALE] *Kya-naw Krit yan bah thah win bah.*
ကျွန်တော်ခရစ်ယာန်ဘာသာဝင်ပါ။
[FEMALE] *Kya-ma Krit yan bah thah win bah.*
ကျွန်မခရစ်ယာန်ဘာသာဝင်ပါ။

I'm Hindu.

[MALE] *Kya-naw Hain du bah thah win bah.*
ကျွန်တော်ဟိန္ဒူဘာသာဝင်ပါ။
[FEMALE] *Kya-ma Hain du bah thah win bah.*
ကျွန်မဟိန္ဒူဘာသာဝင်ပါ။

I'm Muslim.

[MALE] *Kya-naw Is-laan bah thah win bah.*
ကျွန်တော်အစ္စလမ်ဘာသာဝင်ပါ။
[FEMALE] *Kya-ma Is-laan bah thah win bah.*
ကျွန်မအစ္စလမ်ဘာသာဝင်ပါ။

I'm Buddhist.

[MALE] *Kya-naw Boat da bah thah win bah.*
ကျွန်တော်ဗုဒ္ဓဘာသာဝင်ပါ။
[FEMALE] *Kya-ma Boat da bah thah win bah.*
ကျွန်မဗုဒ္ဓဘာသာဝင်ပါ။

Please allow (lit., permit) me (to do something)./ Please excuse me. (I'll take my leave now.)

Khwint pyoo bah.   ခွင့်ပြုပါ။

I'll be going now.   *Thwaa bah ohnn mae.*   သွားပါဦးမယ်။

See you later.   *Nauk hma twaet mae.*   နောက်မှတွေ့မယ်။

Getting a Taxi

KEYWORDS AND EXPRESSIONS

- **taxi/cab**   *a-hngaa kaa*   အငှားကား
- **cab driver**   *kaa hsa-yah*   ကားဆရာ
- **How much?**   *Bae lauk laee*   ဘယ်လောက်လဲ။

Are you free (to take me to my destination)?
Arr laa. အားလား။

I'd like to go to that place. (Show the written address.)
Dih nay yah thwaa jin dae. ဒီနေရာသွားချင်တယ်။

I'd like to go to Shwe Dagon.
Shwe Dagon thwaa jin dae. ရွှေတိဂုံသွားချင်တယ်။

I'd like to go to Bogyoke Market.
Boh jote zayy thwaa jin dae.
ဗိုလ်ချုပ်စျေးသွားချင်တယ်။

Do you know how to get to that place?
Dih nay yah thwaa dat laa. ဒီနေရာသွားတတ်လား။

Let's go to this place.
Di nay yah thwaa ja zo ဒီနေရာသွားကြစို့။
Di nay yah thwaa ya aung. ဒီနေရာသွားရအောင်။

How much will it cost? *Bae lauk kya ma-laee.*
ဘယ်လောက်ကျမလဲ။

Common Scenarios 57

How much to go to Shwe Dagon?
    Shwe Dagon bae lauk laee. ရွှေတိဂုံဘယ်လောက်လဲ။

How much to go to Bogyoke Market?
    Bogyoke zayy bae lauk laee.
    ဗိုလ်ချုပ်စျေးဘယ်လောက်လဲ။

Too expensive. *Myaa dae.* များတယ်။

It's a bit too expensive. *Nyaee nyaee myaa dae.*
နည်းနည်းများတယ်။

Make it 3,000. *Thone daung htaa lite pah.*
သုံးထောင်ထားလိုက်ပါ။

Make it 4,000. *Lay htaung htaa lite pah.*
လေးထောင်ထားလိုက်ပါ။

Is it possible? *Ya ma-laa.* ရမလား။

Can you make it 3,000? *Thone htaung naet ya ma-laa.*
သုံးထောင်နဲ့ရမလား။

Can you make it 4,000? *Lay htaung naet ya ma-laa.*
လေးထောင်နဲ့ရမလား။

Thanks! *Kyayy zoo bah.* ကျေးဇူးပါ။

Let's go. *Thwaa ja zo.* သွားကြစို့။
          Thwaa ya aung. သွားရအောင်။

Please drive slowly. *Phyayy phyayy maungg bah.*
ဖြည်းဖြည်းမောင်းပါ။

Please drive a bit slower.
Naee naee phyayy phyayy maungg bah.
နည်းနည်းဖြည်းဖြည်းမောင်းပါ။

Please go faster. *Myan myan maungg bah.*
မြန်မြန်မောင်းပါ။

Please drive a bit faster.
Naee naee myan myan maungg bah.
နည်းနည်းမြန်မြန်မောင်းပါ။

Don't drive too fast.
Thait myan myan ma maungg bah naet.
သိပ်မြန်မြန်မမောင်းပါနဲ့။

Here! *Di hmah.* ဒီမှာ

There! *Ho hmah.* ဟိုမှာ

At the front!/In front! *Shayt hmah.* ရှေ့မှာ

Can you stop a little further ahead/up ahead?
Shayt hmah yut lo ya ma-laa.   ရှေ့မှာရပ်လို့ရမလား။

Can you pull over here? *Dih hmah yut lo ya ma-laa.*
ဒီမှာရပ်လို့ရမလား။

Can you pull over there? *Ho hmah yut lo ya ma laa.*
ဟိုမှာရပ်လို့ရမလား။

Stop right here./Stop here. *Dih hmah yut pah.*
ဒီမှာရပ်ပါ။

Let's stop here.
Dih hmah yut kya zo. ဒီမှာရပ်ကြစို့။
Dih hmah yut ya aung. ဒီမှာရပ်ရအောင်။

I'll get off here. *Dih hmah hsinn mae.* ဒီမှာဆင်းမယ်။

I'd like to get off here. *Dih hmah hsinn jin dae.*
ဒီမှာဆင်းချင်တယ်။

May I get off here? *Dih hmah hsinn bya zay.*
ဒီမှာဆင်းပါရစေ။

Checking into a Hotel

KEYWORDS AND EXPRESSIONS

- **single room**   *ta-yauk khaan*   တစ်ယောက်ခန်း
- **double room**   *hna-yauk khaan*   နှစ်ယောက်ခန်း
- **suite**   *a-khaan jee*   အခန်းကြီး

Do you have a single room?   *Ta-yauk khaan shi laa.*
တစ်ယောက်ခန်းရှိလား။

Do you have a double room?   *Hna-yauk khaan shi laa.*
နှစ်ယောက်ခန်းရှိလား။

I'd like a single room.   *Ta-yauk khaan loh jin dae.*
တစ်ယောက်ခန်းလိုချင်တယ်။

I'd like a double room.   *Hna-yauk khaan loh jin dae.*
နှစ်ယောက်ခန်းလိုချင်တယ်။

NOTE Make sure you pronounce the *loh* in the expression *loh jin dae*, "I want" in the long tone. If you raise your voice too much, you'll end up pronouncing it in the high tone as *loe*, which means "to make love".

I'll stay for a day.   *Ta-yet nay mae.*   တစ်ရက်နေမယ်။

I'll stay for two days.   *Hna-yet nay mae.*
နှစ်ရက်နေမယ်။

I'll stay for four days. *Layy yet nay mae.*
လေးရက်နေမယ်။

I'll stay for five days. *Ngaa yet nay mae.*
ငါးရက်နေမယ်။

I'll stay for a week. *Da-but nay mae.* တစ်ပတ်နေမယ်။

I'll stay for a month. *Ta-la nay mae.* တစ်လနေမယ်။

I'll stay for two months. *Hna-la nay mae.*
နှစ်လနေမယ်။

Does the room have air conditioning?
A-khaan hmah lay aye zet shi laa.
အခန်းမှာလေအေးစက်ရှိလား။

Does the room have a window?
A-khaan hmah ba-dinn bauk shi laa.
အခန်းမှာပြတင်းပေါက်ရှိလား။

Does it have a bathroom? *Yay choe gaan pah laa.*
ရေချိုးခန်းပါလား။

Does it come with free WiFi? *WiFi pah laa.*
ဝိုင်ဖိုင် ပါလား။

Does it include breakfast? *Ma-net sah pah laa.*
မနက်စာပါလား။

How much will it cost? *Bae lauk kya ma-laee.*
ဘယ်လောက်ကျမလဲ။

I'll settle my bill. *Ngway chay mae.* ငွေချေမယ်။

I'd like to pay my bill. *Ngway chay jin dae.*
ငွေချေချင်တယ်။

Do you accept credit cards? *Credit card let khan laa.*
Credit card လက်ခံလား။

Can I pay with a credit card?
Credit card naet payy lo ya laa.
Credit card နဲ့ပေးလို့ရလား။

Do you take American Express?
American Express yuh laa.
American Express ယူလား။

Do you take Mastercard? *Mastercard yuh laa.*
Mastercard ယူလား။

Do you take Visa? *Visa yuh laa.* Visa ယူလား။

Asking for Something

Do you have...?   ...*Shi laa*   ရှိလား။

Do you have water?   *Yay shi laa.*   ရေရှိလား။

Do you have Coca Cola?   *Coca Cola shi laa.*
ကိုကာကိုလာရှိလား။

Do you have noodle salad?
Khauk swaee thoke shi laa.   ခေါက်ဆွဲသုပ်ရှိလား။

Do you have snacks?   *Mont shi laa.*   မုန့်ရှိလား။

Do you have fritters?   *A-kyaw shi laa.*   အကြော်ရှိလား။

Do you have a man's sarong?   *Pa-hsoe shi laa.*
ပုဆိုးရှိလား။

Do you have a woman's sarong?   *Hta-main shi laa.*
ထဘီရှိလား။

Want   *Loh jin*   လိုချင်

Want to eat   *Saa jin*   စားချင်

I want to eat noodle salad.
Khauk swaee thoke saa jin dae.
ခေါက်ဆွဲသုပ်စားချင်တယ်။

Want to drink *Thauk chin* သောက်ချင်

I want to drink water. *Yay thauk chin dae.*
ရေသောက်ချင်တယ်။

Want to buy *Wae jin* ဝယ်ချင်

I want a bicycle. *Set bainn loh jin dae.*
စက်ဘီးလိုချင်တယ်။

I want to buy a man's sarong. *Pa-hsoe wae jin dae.*
ပုဆိုးဝယ်ချင်တယ်။

Please give me a man's sarong.
Kyayy zoo pyu ywayt pa-hsoe payy bah.
ကျေးဇူးပြု၍ပုဆိုးပေးပါ။

Please give me rice.
Kyayy zoo pyu ywayt hta-minn payy bah.
ကျေးဇူးပြု၍ထမင်းပေးပါ။

Please give me Coca Cola.
Kyayy zoo pyu ywayt Coca Cola payy bah.
ကျေးဇူးပြု၍ကိုကာကိုလာပေးပါ။

Please give me a 3G data SIM card.
Kyayy zoo pyu ywayt 3G SIM card ta-khu payy bah.
ကျေးဇူးပြု၍ *3G SIM card* တစ်ခု ပေးပါ။

Asking for Directions

KEYWORDS AND EXPRESSIONS

- **Where is …** … *Bae hmah laee* ဘယ်မှာလဲ။
- **I want to go …** … *Thwaa jin dae* သွားချင်တယ်။
- **Take me to …** … *Po payy bah* ပို့ပေးပါ။

I'm lost.

[MALE] *Kya-naw laan pyaut nay dae.*
ကျွန်တော်လမ်းပျောက်နေတယ်။
[FEMALE] *Kya-ma laan pyaut nay dae.*
ကျွန်မလမ်းပျောက်နေတယ်။

Where is Sedona Hotel?

Sedona haw tae bae hmah laee.
Sedona ဟော်တယ်ဘယ်မှာလဲ။

Where is Strand Hotel?

Strand haw tae bae hmah laee.
Strand ဟော်တယ်ဘယ်မှာလဲ။

Where is Shwe Dagon Pagoda?

Shwe Dagon pha-yaa bae hmah laee.
ရွှေတိဂုံဘုရားဘယ်မှာလဲ။

Where is Botataung Pagoda?

Boh ta-htaung pha-yaa bae hmah laee.
ဗိုလ်တစ်ထောင်ဘုရားဘယ်မှာလဲ။

Where is the train station?
Ya-htaa bu-dah yone bae hmah laee.
ရထားဘူတာရုံဘယ်မှာလဲ။

Where is the airport? *Lay zait bae hmah laee.*
လေဆိပ်ဘယ်မှာလဲ။

Where is Kan Daw Gyi? *Kan Daw Gyi bae hmah lae.*
ကန်တော်ကြီးဘယ်မှာလဲ။

Where is Inya Lake? *Inn yaa kan bae hmar laee.*
အင်းယားကန်ဘယ်မှာလဲ။

I want to go to Botataung Pagoda.
Bo ta-htaung pha-yaa thwaa jin dae.
ဗိုလ်တစ်ထောင်ဘုရားသွားချင်တယ်။

Take me to Botataung Pagoda.
Bo ta-htaung pha-yaa po payy bah.
ဗိုလ်တစ်ထောင်ဘုရားပို့ပေးပါ။

Numbers and Counting

When using numbers with objects such as fruits, meals, furniture, and clothing, you need to use the appropriate **unit classifiers**, e.g., "two **bunches** of bananas" or "three **cups** of coffee". The list of unit classifiers in Burmese is rather extensive, but here are the most common ones.

- **measure for liquids** — *khwet* — ခွက်
- **measure for servings, meal** — *pwaee* or *bwaee* — ပွဲ
- **measure for humans** — *yauk* — ယောက်
- **measure for animals and creatures** — *kaung* or *gaung* — ကောင်
- **measure for lifeless objects** — *khu* or *gu* — ခု

An important note Avoid using *kaung*, the classifier for animals, to refer to people, as it is highly insulting. Saying *Kha-myaa do thonne yauk* means "You three humans", while *Kya-myaa do thonne kaung* amounts to saying "You three animals". Native speakers might deliberately choose the animal classifier to refer to an individual as a friendly jab or a sign of contempt, but foreigners and travelers should stick to the proper classifier *yauk* when referring to people. When unit classifiers are used with numbers, it takes the following form **noun + number + unit classifier**.

- **one cup of coffee** — *kaw phe ta-khwet* — ကော်ဖီ တစ်ခွက်
- **one serving of rice** — *hta-minn da-bwaee* — ထမင်း တစ်ပွဲ

- **three people** *lu thonne yauk* လူ သုံးယောက်
- **three fishes** *ngaa thonne gaung* ငါး သုံးကောင်

ONE TO TEN

- **zero** (0)   *thone nya*   သုည (၀)
- **one** (1)   *tit*   တစ် (၁)
- **two** (2)   *hnit*   နှစ် (၂)
- **three** (3) *thone*   သုံး (၃)
- **four** (4)   *layy*   လေး (၄)
- **five** (5)   *ngaa*   ငါး (၅)
- **six** (6)   *chauk*   ခြောက် (၆)
- **seven** (7) *khon nit*   ခုနှစ် (၇)
- **eight** (8) *shiq*   ရှစ် (၈)
- **nine** (9)   *koe*   ကိုး (၉)
- **ten** (10)   *ta-hsae*   တစ်ဆယ် (၁၀)

BEYOND TEN

- **eleven** (11)   *hsaet tit*   ဆယ့်တစ် (၁၁)
- **twelve** (12)   *hsaet hnit*   ဆယ့်နှစ် (၁၂)
- **thirteen** (13)   *hsaet thonne* ဆယ့်သုံး (၁၃)
- **fourteen** (14)   *hsaet layy*   ဆယ့်လေး (၁၄)
- **fifteen** (15)   *hsaet ngaa*   ဆယ့်ငါး (၁၅)
- **twenty** (20)   *hna-hsae*   နှစ်ဆယ် (၂၀)
- **twenty one** (21) *hna-hsaet tit* နှစ်ဆယ့်တစ် (၂၁)
- **twenty two** (22) *hna-hsaet hnit* နှစ်ဆယ့်နှစ် (၂၂)

- **twenty three** (23)   *hna-hsaet thonne*   နှစ်ဆယ့်သုံး (၂၃)
- **thirty** (30)   *thone zae*   သုံးဆယ် (၃၀)
- **thirty one** (31)   *thone zaet tit*   သုံးဆယ့်သုံး (၃၃)
- **thirty four** (34)   *thone zaet layy*   သုံးဆယ့်လေး (၃၄)
- **forty** (40)   *layy zae*   လေးဆယ် (၄၀)
- **forty one** (41)   *layy zaet tit*   လေးဆယ်တစ် (၄၁)
- **forty two** (42)   *layy zaet hnit*   လေးဆယ့်နှစ် (၄၂)
- **fifty** (50)   *ngaa zae*   ငါးဆယ် (၅၀)
- **sixty** (60)   *chauk hsae*   ခြောက်ဆယ် (၆၀)
- **seventy** (70)   *khon hna-hsae*   ခုနှစ်ဆယ် (၇၀)
- **eighty** (80)   *shiq sae*   ရှစ်ဆယ် (၈၀)
- **ninety** (90)   *koe zae*   ကိုးဆယ် (၉၀)
- **one hundred** (100)   *ta-yah*   တစ်ရာ (၁၀၀)
- **one hundred and one** (101)   *ta-ya tit*   တစ်ရာ့တစ် (၁၀၁)
- **one hundred and two** (102)   *ta-ya hnit*   တစ်ရာ့နှစ် (၁၀၂)
- **two hundred** (200)   *hna-yah*   နှစ်ရာ (၂၀၀)
- **two hundred and one** (201)   *hna-ya tit*   နှစ်ရာ့တစ် (၂၀၁)
- **three hundred** (300)   *thonne yah*   သုံးရာ (၃၀၀)
- **three hundred and two** (302)   *thonne ya hnit*   သုံးရာ့နှစ် (၃၀၂)

- **five hundred** (500)   *ngaa yah*   ငါးရာ (၅၀၀)
- **seven hundred** (700)   *khon hna-yah*   ခုနစ်ရာ (၇၀၀)
- **one thousand** (1,000)   *hta-htaung*   တစ်ထောင် (၁၀၀၀)
- **thousand** (-000)   *htaung*   ထောင်
- **one thousand two hundred and thirty** (1,230)   *ta-htaunt hna-yah thonne hsae*   တစ်ထောင့် နှစ်ရာသုံးဆယ် (၁၂၃၀)
- **five thousand six hundred and seventy eight** (5,678)   *ngah daunt chauk yah khon hna-hsaet shiq*   ငါးထောင့် ခြောက်ရာခုနစ်ဆယ့် ရှစ် (၅၆၇၈)
- **ten thousand** (10,000)   *thaungg*   သောင်း
- **ninety thousand** (90,000)   *koe thaung*   ကိုးသောင်း (၉၀၀၀၀)
- **hundred thousand** (-00,000)   *thainn*   သိန်း
- **million**   *thaan*   သန်း
- **ten million**   *ga-day*   ကုဋေ

Going Shopping

KEYWORDS AND EXPRESSIONS

• **this**	*dah*	ဒါ
• **this item**	*dih hah*	ဒီဟာ
• **that item**	*hoh hah*	ဟိုဟာ
• **do you have**	*shi laa*	ရှိလား
• **how much**	*bae lauk laee*	ဘယ်လောက်လဲ။
• **deep** (for color)	*yint yint*	ရင့်ရင့်
• **soft** (for color)	*nuu nuu*	နုနု
• **clothing**	*a-wut a-sarr*	အဝတ်အစား
• **blouse/shirt**	*ainn jih*	အကျႌ
• **pants**	*baungg bih*	ဘောင်းဘီ
• **shorts**	*baungg bih toh*	ဘောင်းဘီတို
• **handbag**	*let swaee ait*	လက်ဆွဲအိတ်
• **backpack**	*kyaww boe ait*	ကျောပိုးအိတ်

POPULAR SOUVENIRS

anklet	*chay jinn*	ခြေကျင်း
book	*sah oat*	စာအုပ်
bracelet	*let kaut*	လက်ကောက်
classic red-cotton jacket (male)	*pin nih tike pone*	ပင်နီတိုက်ပုံ
traditional jacket (male)	*tike pone*	တိုက်ပုံ
male sarong	*pa-hsoe*	ပုဆိုး
female sarong	*hta-main*	ထဘီ

decorative woven sarong (female)	*chait hta-main*	ချိပ်ထဘီ
decorative Rakhine sarong (male)	*ya-khaing pa-hsoe*	ရခိုင်ပုဆိုး
Yaw sarong	*yaww hta-main*	ယောထဘီ
shirt	*ainne jih*	အင်္ကျီ
T-shirt	*Tih shut*	တီရှပ်
classic shirt (female)	*yin bonne ainne jih*	ရင်ဖုံးအင်္ကျီ
ruby	*ba-da-myaa*	ပတ္တမြား
jade	*kyaut sainn*	ကျောက်စိမ်း
satchel	*lwae ait*	လွယ်အိတ်
Kachin satchel	*ka-chin lwae ait*	ကချင်လွယ်အိတ်
lacquer ware	*yune dae*	ယွန်းထည်
marionette	*yoke thayy*	ရုပ်သေး
painting	*ba-jih kaa*	ပန်းချီကား
sculpture	*ba-bu yoke*	ပန်းပုရုပ်
drum	*bone*	ဗုံ
shoulder-slung tall drum	*bone shay*	ဗုံရှည်
Tabla-style drum	*bone toh*	ဗုံတို
traditional harp	*saungg gaut*	စောင်းကောက်
toy	*a-yoat*	အရုပ်

How much is this? *Dah bae lauk laee.*
ဒါဘယ်လောက်လဲ။

How much is this item? *Dih hah bae lauk laee.*
ဒီဟာဘယ်လောက်လဲ။

How much is that item? *Hoh hah bae lauk laee.*
ဟိုဟာဘယ်လောက်လဲ။

How much is this (man's) sarong?
Dih pa-hsoe bae lauk laee. ဒီပုဆိုးဘယ်လောက်လဲ။

How much is that (man's) sarong?
Hoh pa-hsoe bae lauk laee. ဟိုပုဆိုးဘယ်လောက်လဲ။

How much is this (woman's) sarong?
Dih hta-main bae lauk laee. ဒီထဘီဘယ်လောက်လဲ။

How much is that (woman's) sarong?
Hoh hta-main bae lauk laee.
ဟိုထဘီဘယ်လောက်လဲ။

Too much. *Myaa dae* များတယ်

The price is too high. *Zayy myaa dae.* ဈေးများတယ်။

The price's too much. *Zayy kyee dae.* ဈေးကြီးတယ်။

The price's a little too much.
Zayy naee naee myaa dae. ဈေးနည်းနည်းများတယ်။

Please give me a discount. *Shawt bah.* လျှော့ပါ။

Please lower the price. *Zayy shawt bah.*
ဈေးလျှော့ပါ။

Please lower the price a bit.
Zayy naee naee shawt bah. ဈေးနည်းနည်းလျှော့ပါ။

Lower it more. *Htut shawt bah ohnn.* ထပ်လျှော့ပါဦး။

Please make it 1,000. *Ta-htaung htaa lite pah.*
တစ်ထောင်ထားလိုက်ပါ။

Please make it 3,000. *Thone dtaung htaa lite pah.*
သုံးထောင်ထားလိုက်ပါ။

Please make it 25,000.
Hna-thaungg gwaee htaa lite pah.
နှစ်သောင်းခွဲထားလိုက်ပါ။

Is it OK? *Ya ma-laa.* ရမလား။

Can I have it for 1,000? *Ta-htaung naet ya ma-laa.*
တစ်ထောင်နဲ့ရမလား။

Can I have it for 3,000?
Thonne htaung naet ya ma-laa. သုံးထောင်နဲ့ရမလား။

Can I have it for 25,000?
Hna-thaungg gwae naet ya ma-laa.
နှစ်သောင်းခွဲနဲ့ရမလား။

I like it. *Kyite tae.* ကြိုက်တယ်။

I like it more. *Poh kyite tae.* ပိုကြိုက်တယ်။

Common Scenarios

I like this. *Dah kyite tae.* ဒါကြိုက်တယ်။

I like this item. *Dih hah kyite tae.* ဒီဟာကြိုက်တယ်။

I like that item more. *Hoh hah poh kyite tae.* ဟိုဟာပိုကြိုက်တယ်။

I don't like it. *Ma-kyite phoo.* မကြိုက်ဘူး။

Do you have it in red? *A-nih yaung shi laa.* အနီရောင်ရှိလား။

COLORS

blue	*a-pyah yaung*	အပြာရောင်
yellow	*a-wah yaung*	အဝါရောင်
brown	*a-nyoh yaung*	အညိုရောင်
pink	*paan yaung*	ပန်းရောင်
purple	*kha-yaan yaung*	ခရမ်းရောင်
black	*a-net yaung*	အနက်ရောင်
white	*a-phyuh yaung*	အဖြူရောင်
gray	*mee-goe yaung*	မီးခိုးရောင်
orange	*lain maw yaung*	လိမ္မော်ရောင်

dark red *a-nih yaung yint yint* အနီရောင်ရင့်ရင့်

pale (light) blue *a-pyah yaung nuu nuu* အပြာရောင်နုနု

Do you have it in dark red?
A-nih yaung yint yint shi laa. အနီရောင်ရင့်ရင့်ရှိလား။

Do you have it in pale blue?
A-pyah yaung nuu nuu shi laa. အပြာရောင်နုနုရှိလား။

It's a deal! *Zayy taet bih.* ဈေးတည့်ပြီ။

I'll take it. *Yuh mae.* ယူမယ်။

I'll take one. *Ta-khu yuh mae.* တစ်ခုယူမယ်။

I'll take two. *Hna-khu yuh mae.* နှစ်ခုယူမယ်။

I'll take three. *Thonne gu yuh mae.* သုံးခုယူမယ်။

I'll take four pieces (of clothing). *Layy dae yuh mae.*
လေးထည်ယူမယ်။

I'll take five pieces (of clothing). *Ngaa dae yuh mae.*
ငါးထည်ယူမယ်။

I'll take one dozen. *Ta-dah zin yuh mae.*
တစ်ဒါဇင်ယူမယ်။

I'll take three dozen. *Thone dah zin yuh mae.*
သုံးဒါဇင်ယူမယ်။

Common Scenarios 79

Eating Out

KEYWORDS AND EXPRESSIONS

- **to eat**   *saa*   စား
- **to drink**   *thauk*   သောက်
- **restaurant**   *saa thauk hsaing*   စားသောက်ဆိုင်
- **want to eat**   *saa jin dae*   စားချင်တယ်။
- **want to drink**   *thauk chin dae*   သောက်ချင်တယ်။

COMMON EXCHANGES

Where is the restaurant?
Saa thauk hsaing bae hmar laee.
စားသောက်ဆိုင်ဘယ်မှာလဲ။

Is there a restaurant around here?
Dih naa hmah saa thauk hsaing shi laa.
ဒီနားမှာစားသောက်ဆိုင်ရှိလား။

[We'll/I'll] go to a restaurant.
Saa thauk hsaing thwaa mae.
စားသောက်ဆိုင်သွားမယ်။

Let's go to a restaurant.
Saa thauk hsaing thwaa ja zo.
စားသောက်ဆိုင်သွားကြစို့။
Saa thauk hsaing thwaa ya aung.
စားသောက်ဆိုင်သွားရအောင်။

I want to go to a restaurant.
Saa thauk hsaing thwaa jin dae.
စားသောက်ဆိုင်သွားချင်တယ်။

I want to eat Shan noodle.
Shaan khauk swaee saa jin dae.
ရှမ်းခေါက်ဆွဲစားချင်တယ်။

Let's eat fish chowder and noodle.
Moke hinn gaa saa ya aung.
မုန့်ဟင်းခါးစားရအောင်။
Moat hinn gaa saa ja zo. မုန့်ဟင်းခါးစားကြစို့။

We'll/I'll eat fish chowder and noodle.
Moat hinn gaa saa mae. မုန့်ဟင်းခါးစားမယ်။

What do you recommend? (Lit., what's good to eat?)
Bah saa lo kaung lae. ဘာစားလို့ကောင်းလဲ။

What are your specialities/dish of the day?
Dih nayt bah a-htoo hinn dway shi lae.
ဒီနေ့ဘာအထူးဟင်းတွေရှိလဲ။

Can I get Halal food here?
Dih hmah Halal a-saa a-thauk tway ya laa.
ဒီမှာဟာလာလ်အစားသောက်တွေရလား။

I don't eat pork.

[MALE] *Kya-naw wet thaa ma-saa boo.*
ကျွန်တော်ဝက်သားမစားဘူး။
[FEMALE] *Kya-ma wet thaa ma-saa boo.*
ကျွန်မဝက်သားမစားဘူး။

I don't eat beef.

[MALE] *Kya-naw a-maee thaa ma-saa boo.*
ကျွန်တော်အမဲသားမစားဘူး။
[FEMALE] *Kya-ma a-maee thaa ma-saa boo.*
ကျွန်မအမဲသားမစားဘူး။

I'm allergic to peanuts.

[MALE] *Kya-naw myay baee naet ma-taet boo.*
ကျွန်တော် မြေပဲနဲ့ မတည့်ဘူး။
[FEMALE] *Kya-ma myay baee naet ma-taet boo.*
ကျွန်မ မြေပဲနဲ့ မတည့်ဘူး။

I'm allergic to seafood.

[MALE] *Kya-naw pin lae zah naet ma-taet boo.*
ကျွန်တော် ပင်လယ်စာနဲ့ မတည့်ဘူး။
[FEMALE] *Kya-ma pin lae zah naet ma-taet boo.*
ကျွန်မ ပင်လယ်စာနဲ့ မတည့်ဘူး။

I'm allergic to shellfish.

[MALE] *Kya-naw ka-maa gaung naet ma-taet boo.*
ကျွန်တော် ကမာကောင်နဲ့ မတည့်ဘူး။
[FEMALE] *Kya-ma ka-maa gaung naet ma-taet boo.*
ကျွန်မ ကမာကောင်နဲ့ မတည့်ဘူး။

I can only eat vegetarian meals.
[MALE] *Kya-naw thet thut lute hinn bae saa dae.*
ကျွန်တော်သက်သတ်လွတ်ဟင်းပဲစားတယ်။
[FEMALE] *Kya-ma thet thut lute hinn bae saa dae.*
ကျွန်မသက်သတ်လွတ်ဟင်းပဲစားတယ်။

NOTE *Thet thut lute*—the common Burmese phrase for vegetarian dishes—literally means "killing-free meals", but may still contain by-products like butter or egg. If you're a strict vegetarian or vegan, try the next phrase to make your meaning clearer.

I only eat fruits and vegetables.
[MALE] *Kya-naw hinn thee hinn ywet phae saa dae.*
ကျွန်တော်ဟင်းသီးဟင်းရွက်ပဲစားတယ်။
[FEMALE] *Kya-ma hinn thee hinn ywet phae saa dae.*
ကျွန်မဟင်းသီးဟင်းရွက်ပဲစားတယ်။

Please don't make it too bitter.
Thait ma-khaa bah zay naet. သိပ်မခါးပါစေနဲ့။

Please don't make it too salty.
Thait ma-ngan bah zay naet. သိပ်မငံပါစေနဲ့။

Please don't make it too spicy.
Thait ma-sut bah zay naet. သိပ်မစပ်ပါစေနဲ့။

Please don't make it too sweet.
Thait ma-choh bah zay naet. သိပ်မချိုပါစေနဲ့။

Common Scenarios

This is too bitter. *Dah thait khaa dae.*
ဒါသိပ်ခါးတယ်။

This is too salty. *Dah thait ngan dae.* ဒါသိပ်ငံတယ်။

This is too spicy. *Dah thait sut dae.* ဒါသိပ်စပ်တယ်။

This is too sweet. *Dah thait cho dae.* ဒါသိပ်ချိုတယ်။

Let me pay./It's my treat.
[MALE] *Kya-naw kywayy pya zay.*
ကျွန်တော်ကျွေးပါရစေ။
[FEMALE] *Kya-ma kywayy pya zay.*
ကျွန်မကျွေးပါရစေ။

Let's pay separately/split the bill/go Dutch.
Koh saa dah koh shinn ja ya aung.
ကိုယ်စားတာကိုယ်ရှင်းကြရအောင်။

I don't drink alcohol.
[MALE] *Kya-naw a-yet ma-thauk phoo.*
ကျွန်တော်အရက်မသောက်ဘူး။
[FEMALE] *Kya-ma a-yet ma-thauk phoo.*
ကျွန်မအရက်မသောက်ဘူး။

I'd like a beer please. *Bih yah ta-lonne lo jin dae.*
ဘီယာတစ်လုံးလိုချင်တယ်။

Common Scenarios 85

Drinking Tea

KEYWORDS AND EXPRESSIONS

• **sweet tea**	*la-phet yay*	လက်ဖက်ရည်
• **teashop**	*la-phet yay zaing*	လက်ဖက်ရည်ဆိုင်
• **snack**	*mont*	မုန့်
• **sweet**	*cho jo*	ချိုချို
• **bitter**	*khaa gaa*	ခါးခါး
• **hot**	*puh buh*	ပူပူ
• **cold**	*aye aye*	အေးအေး
• **warm**	*nwayy nwayy*	နွေးနွေး

NOTE Besides tea, a Burmese teashop usually also offers snacks, pastries, dumplings, tealeaf salad, noodle dishes, and more. It's also a great place to catch up on the latest news and gossip from your neighbors.

Where is the teashop? *La-phet yay zaing bae hmah laee.* လက်ဖက်ရည်ဆိုင်ဘယ်မှာလဲ။

Is there a teashop around here?
Dih naa hmah la-phet yay zaing shi laa.
ဒီနားမှာလက်ဖက်ရည်ဆိုင်ရှိလား။

We'll/I'll go to the teashop.
La-phet yay zaing thwaa mae.
လက်ဖက်ရည်ဆိုင်သွားမယ်။

Let's go to the teashop.
La-phet yay zaing thwaa ja zo.
လက်ဖက်ရည်ဆိုင်သွားကြစို့။
La-phet yay zaing thwaa ya aung.
လက်ဖက်ရည်ဆိုင်သွားရအောင်။

I want to go to a teashop.
La-phet yay zaing thwaa jin dae.
လက်ဖက်ရည်ဆိုင်သွားချင်တယ်။

I want to drink tea. *La-phet yay thauk chin dae.*
လက်ဖက်ရည်သောက်ချင်တယ်။

Let's go drink tea.
La-phet yay thauk ya aung.
လက်ဖက်ရည်သောက်ရအောင်။
La-phet yay thauk kya zo.
လက်ဖက်ရည်သောက်ကြစို့။

We'll/I'll drink tea. *La-phet yay thauk mae.*
လက်ဖက်ရည်သောက်မယ်။

I want to drink sweet tea.
La-phet yay cho jo thauk chin dae.
လက်ဖက်ရည် ချိုချိုသောက်ချင်တယ်။

Do you have plain tea (tea without sugar or milk)**?**
Yay nwayy jaan shi laa. ရေနွေးကြမ်းရှိလား။

Please give me some plain tea.
Yay nwayy jaan payy bah. ရေနွေးကြမ်း ပေးပါ။

I'd like some plain tea. *Yay nwayy jaan loh jin dae.*
ရေနွေးကြမ်းလိုချင်တယ်။

I want to drink hot tea.
La-phet yay puh buh thauk chin dae.
လက်ဖက်ရည် ပူပူသောက်ချင်တယ်။

Let's drink bitter coffee.
Kaw phe khaa gaa thauk ya aung.
ကော်ဖီခါးခါးသောက်ရအောင်။

We'll/I'll drink cold orange juice.
Lain maw yay aye aye thauk mae.
လိမ္မော်ရည်အေးအေးသောက်မယ်။

Do you have snacks? *Mont shi laa.* မုန့်ရှိလား။

What kind of snacks do you have?
Bah mont shi laee. ဘာမုန့်ရှိလဲ။

I want to have some snacks. *Mont saa jin dae.*
မုန့်စားချင်တယ်။

Telling Time

KEYWORDS AND EXPRESSIONS

time	*a-chain*	အချိန်
hour	*nah yih*	နာရီ
today	*dih nayt*	ဒီနေ့
the next day	*nauk nayt*	နောက်နေ့
tomorrow	*ma-net phyan*	မနက်ဖြန်
the day after tomorrow	*tha-bet khah*	သဘက်ခါ
yesterday	*ma-nayt ga*	မနေ့က
Monday	*Ta-ninn lah*	တနင်္လာ
Tuesday	*In gah*	အင်္ဂါ
Wednesday	*Bote da-hoo*	ဗုဒ္ဓဟူး
Thursday	*Kyah thah ba-dayy*	ကြာသပတေး
Friday	*Thauk kyah*	သောကြာ
Saturday	*Sa-nay*	စနေ
Sunday	*Ta-ninn nga-nway*	တနင်္ဂနွေ
this week	*dih a-put*	ဒီအပတ်
next week	*nauk a-put*	နောက်အပတ်
previous week	*a-yin a-put*	အရင်အပတ်
this month	*dih la*	ဒီလ
next month	*nauk la*	နောက်လ
previous month	*a-yin la*	အရင်လ
this year	*dih hnit*	ဒီနှစ်
next year	*nauk hnit*	နောက်နှစ်
previous year	*a-yin hnit*	အရင်နှစ်

Common Scenarios 89

one o'clock	*ta-nah yih*	တစ်နာရီ
two o'clock	*hna-nah yih*	နှစ်နာရီ
three o'clock	*thonne nah yih*	သုံးနာရီ
four o'clock	*layy nah yih*	လေးနာရီ
five o'clock	*ngaa nah yih*	ငါးနာရီ
six o'clock	*chauk nah yih*	ခြောက်နာရီ
seven o'clock	*khun-na nah yih*	ခုနှစ်နာရီ
eight o'clock	*shiq nah yih*	ရှစ်နာရီ
nine o'clock	*kohh nah yih*	ကိုးနာရီ
ten o'clock	*hsae nah yih*	ဆယ်နာရီ
eleven o'clock	*hset ta-nah yih*	ဆယ့်တစ်နာရီ
twelve o'clock	*hset hna-nah yih*	ဆယ့်နှစ်နာရီ
dawn	*ah yone*	အရုဏ်
morning	*ma-net*	မနက်
noon	*nayt lae*	နေ့လည်
afternoon	*mune lwaee*	မွန်းလွဲ
evening	*nya nay*	ညနေ
night	*nya*	ည
midnight	*thaan gaung* or *tha-gaung*	သန်းခေါင်
half past one	*ta-nah yih gwaee*	တစ်နာရီခွဲ
half past two	*hna-nah yih gwae*	နှစ်နာရီခွဲ
half past three	*thonne nah yih gwae*	သုံးနာရီခွဲ
a quarter past one	*ta-nah yih hset ngaa minit*	တစ်နာရီဆယ့်ငါးမိနစ်

a quarter past two	hna-nah yih hset ngaa minit	နှစ်နာရီဆယ့်ငါးမိနစ်
a quarter past three	thonne nah yih hset ngaa minit	သုံးနာရီဆယ့်ငါးမိနစ်
three quarters past one	ta-nah yih layy zet ngaa	တစ်နာရီ လေးဆယ့်ငါး
three quarters past two	hna-nah yih layy zet ngaa	နှစ်နာရီ လေးဆယ့်ငါး
three quarters past three	thonne nah yih layy zet ngaa	သုံးနာရီ လေးဆယ့်ငါး

NOTE If you want to say 6 p.m., it would be ညနေခြောက်နာရီ, *Nya nay chauk nah yi* "six o'clock in the evening".

COMMON EXCHANGES

What time is it?
Bae a-chain shi be laee. ဘယ်အချိန်ရှိပြီလဲ။
Bae hna-nah yi htoe be laee. ဘယ်နှစ်နာရီထိုးပြီလဲ။

We'll/I'll come. *Lah mae.* လာမယ်။

We'll/I'll be arriving. *Yauk mae.* ရောက်မယ်။

We'll/I'll go. *Thwaa mae.* သွားမယ်။

Will you be coming? *Lah ma-laa.* လာမလား။

Will you be arriving? *Yauk ma-laa.* ရောက်မလား။

Will you be going? *Thwaa ma-laa.* သွားမလား။

Common Scenarios

Will you be coming at 1.30 p.m.?
Ta-nah yih gwaee lah ma-lah. တစ်နာရီခွဲလာမလား။

Will you (singular) **be coming today at 1.30 p.m.?**
Dih nayt ta-nah yih gwaee kha-myaa lah ma-laa.
ဒီနေ့တစ်နာရီခွဲခင်ဗျားလာမလား။

Will you (plural) **be coming today at 1.30 p.m.?**
Dih nayt ta-nah yih gwaee kha-myaa do lah ma-laa.
ဒီနေ့တစ်နာရီခွဲခင်ဗျားတို့လာမလား။

Will they be coming today at 1.30 p.m.?
Dih nayt ta-nah yih gwaee thuh do lah ma-laa.
ဒီနေ့တစ်နာရီခွဲသူတို့လာမလား။

We'll/I'll be coming at 1.30 p.m.
Ta-nah yih gwaee lah mae. တစ်နာရီခွဲလာမယ်။

We'll/I'll be coming today.
Dih nayt lah mae. ဒီနေ့လာမယ်။

We'll/I'll be coming tomorrow.
Ma-net phyan lah mae. မနက်ဖြန်လာမယ်။

Will you be arriving at 1.30 p.m.?
Ta-nah yih gwaee yauk ma-laa.
တစ်နာရီခွဲရောက်မလား။

Will you (singular) **be arriving today at 1.30 p.m.?**
Dih nayt ta-nah yih gwaee kha-myaa yauk ma-laa.
ဒီနေ့တစ်နာရီခွဲခင်ဗျားရောက်မလား။

Will you (plural) **be arriving today at 1.30 p.m.?**
Dih nayt ta-nah yih gwaee kha-myaa do yauk ma-laa.
ဒီနေ့တစ်နာရီခွဲခင်ဗျားတို့ရောက်မလား။

Will they be arriving today at 1.30 p.m.?
Dih nayt ta-nah yih gwaee thu do yauk ma-laa.
ဒီနေ့တစ်နာရီခွဲသူတို့ရောက်မလား။

We'll/I'll be arriving at 1.30 p.m.
Ta-nah yih gwaee yauk mae.　　တစ်နာရီခွဲ ရောက်မယ်။

We'll/I'll be arriving at 1.30 p.m. tomorrow.
Ma-net phyan ta-nah yih gwaee yauk mae.
မနက်ဖြန်တစ်နာရီခွဲ ရောက်မယ်။

Will you be going at 1.30 p.m.?
Ta-nah yih gwaee thwaa ma-laa.　　တစ်နာရီခွဲသွားမလား။

We'll/I'll be going at 1.30 p.m.
Ta-nah yih gwaee thwaa mae.　　တစ်နာရီခွဲသွားမယ်။

Months, Years, Seasons and Festivals

KEYWORDS AND EXPRESSIONS

The names for the months in Burmese are loanwords from English, thus the pronunciations are quite similar, and you'll be understood if you say the English equivalent.

January	*Zun na-wah yih*	ဇန်နဝါရီ
February	*Phay phaw wah yih*	ဖေဖော်ဝါရီ
March	*Mut*	မတ်
April	*Ay pyi*	ဧပြီ
May	*May*	မေ
June	*Zune*	ဇွန်
July	*Zu laing*	ဇူလိုင်
October	*Auk toh bah*	အောက်တိုဘာ
September	*Set tin bah*	စက်တင်ဘာ
November	*Noh win bah*	နိုဝင်ဘာ
December	*De zin bah*	ဒီဇင်ဘာ
Thingyan	*Thinn jun*	သင်္ကြန်
(Burmese New Year, water festival)		
Thidingyut light festival	*Tha-dinn jute mee htune bwaee*	သီတင်းကျွတ်မီးထွန်းပွဲ
Kahtein sacred robe-offering ceremony	*Ka-htain thin gaan kut pwaee*	ကထိန်သင်္ကန်းကပ်ပွဲ
Pagoda festival	*Pha-yaa pwaee*	ဘုရားပွဲ

Taung Gyi balloon festival	*Taung jee mee bonne byan bwaee*	တောင်ကြီးမီးပုံးပျံပွဲ
Phaung Daw Oo pagoda festival	*Phaung daw oo pha-yaa bwaee*	ဖေါင်တော်ဦးဘုရားပွဲ
Taung Byone festival	*Taung byonne pha-yaa bwaee*	တောင်ပြန်းဘုရားပွဲ
Spirit festival	*Nut pwae*	နတ်ပွဲ
Kachin New Year festival	*Ka-chin ma-naww bwaee*	ကချင်မနောပွဲ
Tabodwe sticky rice-making festival	*Da-bo dwaee hta-ma-naee htoe bwaee*	တပို့တွဲထမနဲထိုးပွဲ
Kasone water-offering festival	*Ka-sone nyaung yay thunne pwaee*	ကဆုန်ညောင်ရေသွန်းပွဲ
Maw Tin Son midwater pagoda festival	*Maw tin zunne yay lae pha-yaa bwaee*	မော်တင်စွန်း ရေလယ်ဘုရားပွဲ
Kyaik Kha Me midwater pagoda festival	*Kyite kha-mih yay lae pha-yaa bwaee*	ကျိုက်ခမီ ရေလယ်ဘုရားပွဲ
day	*yet*	ရက်
a day	*ta-yet*	တစ်ရက်
two days	*hna-yet*	နှစ်ရက်
week	*put*	ပတ်
a week	*da-but*	တစ်ပတ်

two weeks	*hna-put*	နှစ်ပတ်
month	*la*	လ
three months	*thonne la*	သုံးလ
four months	*layy la*	လေးလ
year	*hnit*	နှစ်
five years	*ngaa hnit*	ငါးနှစ်
six years	*chauk hnit*	ခြောက်နှစ်
hot season	*nway yah thih*	နွေရာသီ
rainy season	*moe yah thih*	မိုးရာသီ
cold season	*hsaungg yah thih*	ဆောင်းရာသီ

COMMON EXCHANGES

I'll come to Burma in January.

[MALE] *Kya-naw Zun na-wah yih la Myanmar pyi lah mae.* ကျွန်တော်ဇန်နဝါရီလ မြန်မာပြည်လာမယ်။

[FEMALE] *Kya-ma Zun na-wah yih la Myanmar pyi lah mae.* ကျွန်မဇန်နဝါရီလ မြန်မာပြည်လာမယ်။

I'll arrive in Burma in May.

[MALE] *Kya-naw May la Myanmar phi yauk mae.* ကျွန်တော် မေလ မြန်မာပြည်ရောက်မယ်။

[FEMALE] *Kya-ma May la Myanmar phi yauk mae.* ကျွန်မ မေလ မြန်မာပြည်ရောက်မယ်။

I'll come to Burma in the hot season.

[MALE] *Kya-naw nway yah thih Myanmar phi lah mae.* ကျွန်တော် နွေရာသီ မြန်မာပြည်လာမယ်။

[FEMALE] *Kya-ma nway yah thih Myanmar phi lah mae.* ကျွန်မ နွေရာသီ မြန်မာပြည် လာမယ်။

I'll stay in Yangon for a month.

[MALE] *Kya-naw Yangon hmah ta-la nay mae.*
ကျွန်တော်ရန်ကုန်မှာတစ်လ နေမယ်။

I'll stay in Yangon for two months.

[FEMALE] *Kya-ma Yangon hmah hna-la nay mae.*
ကျွန်မရန်ကုန်မှာနှစ်လ နေမယ်။

I'll stay in Mandalay for three months and a week.

[MALE] *Kya-naw Mandalay hmah thonne la naet da but nay mae.* ကျွန်တော်မန္တလေးမှာသုံးလနဲ့တစ်ပတ် နေမယ်။

[FEMALE] *Kya-ma Mandalay hmah thonne la naet da but nay mae.* ကျွန်မ မန္တလေးမှာသုံးလနဲ့တစ်ပတ် နေမယ်။

Will you be coming this January?

[MALE] *Dih hnit Zun na-wah yih kha-myaa lah ma-laa.*
ဒီနှစ်ဇန်နဝါရီခင်ဗျားလာမလား။

[FEMALE] *Dih hnit Zun na-wah yih shin lah ma-laa.*
ဒီနှစ် ဇန်နဝါရီ ရှင် လာမလား။

Will they be coming in January this year?

Dih hnit Zun na-wah yi thuh do lah ma-laa.
ဒီနှစ်ဇန်နဝါရီသူတို့ လာမလား။

(We're/I'm) coming this year. *Dih hnit lah mae.*
ဒီနှစ်လာမယ်။

Common Scenarios

(We're/I'm) coming next year. *Nauk hnit lah mae.*
နောက်နှစ်လာမယ်။

(We/I) came the previous year.
A-yin hnit ka lah gaet dae. အရင်နှစ်ကလာခဲ့တယ်။

(We/I) will be coming this January.
Di hnit Zun na-wah yih lah mae.
ဒီနှစ်ဇန်နဝါရီ လာမယ်။

(We/I) will be coming next January.
Nauk hnit Zun na-wah yih lah mae.
နောက်နှစ်ဇန်နဝါရီ လာမယ်။

(We/I) came last January.
A-yin hnit Zun na-wah yih ga lah gaet dae.
အရင်နှစ် ဇန်နဝါရီ ကလာခဲ့တယ်။

When is Thingyan (New Year)?
Bae dawt thinn jun kya ma-laee.
ဘယ်တော့သင်္ကြန်ကျမလဲ။

Is it already Thingyan (New Year)?
Thinn jun kya be laa. သင်္ကြန်ကျပြီလား။

I want to celebrate the water festival.
[MALE] *Kya-naw yay ga-zaa jin dae.*
ကျွန်တော် ရေကစားချင်တယ်။
[FEMALE] *Kya-ma yay ga-zaa jin dae.*
ကျွန်မ ရေကစားချင်တယ်။

(We/I) want to check out the Thidingyut light festival. *Tha-din jute mee htune bwaee kyi jin dae.*
သီတင်းကျွတ်မီးထွန်းပွဲကြည့်ချင်တယ်။

(We/I) want to go to the Kahtein sacred robe-offering ceremony. *Ka-htain thin gaan kut pwaee thwaa jin dae.*
ကထိန်သင်္ကန်းကပ်ပွဲသွားချင်တယ်။

(We/I) want to go to the Kasone water-offering ceremony.
Ka-sone nyaung yay thunne bwaee thwaa jin dae.
ကဆုန်ညောင်ရေသွန်းပွဲသွားချင်တယ်။

(We/I) want to go to Taungbyone pagoda festival.
Taung byonne pha-yaa bwaee thwaa jin dae.
တောင်ပြုန်းဘုရားပွဲသွားချင်တယ်။

Talking About Family

KEYWORDS AND EXPRESSIONS

father	*a-phay*	အဖေ
dad	*phay phay*	ဖေဖေ
mother	*a-may*	အမေ
mom	*may may*	မေမေ
father-in-law/ mother-in-law	*yauk kha-ma*	ယောက္ခမ
wife	*mainne ma*	မိန်းမ
husband	*yauk kyaa*	ယောက်ျား
girlfriend/fiancée	*a-myoe tha-mee*	အမျိုးသမီး
boyfriend/fiancé	*a-myoe thaa*	အမျိုးသား
brother-in-law	*yauk pha*	ယောက်ဖ

(Your wife's sister's husband)

brother-in-law	*khaee oh*	ခဲအို

(Your husband's older brother or your older sister's husband)

brother-in-law	*mut*	မတ်

(Your husband's younger brother or your younger sister's husband)

sister-in-law	*yaung ma*	ယောက်မ

(Your husband's younger sister or your younger brother's wife)

sister-in-law	*ma-yee*	မရီး

(Your wife's older sister; or your older brother's wife)

sister-in-law	*khae ma*	ခယ်မ

(Your wife's younger sister; or his younger brother's wife)

cousin	*a-myoe*	အမျိုး

EXCHANGES

How many brothers and sisters do you have?

[MALE] *Kha-myaa hmar nyih a-koh maung hna-ma bae hna-yauk shi laee.*
ခင်ဗျားမှာ ညီအကိုမောင်နှမ ဘယ်နှစ်ယောက်ရှိလဲ။

[FEMALE] *Shint hmar nyih a-koh maung hna-na bae hna-yauk shi laee.*
ရှင့်မှာ ညီအကိုမောင်နှမ ဘယ်နှစ်ယောက်ရှိလဲ။

These are my brothers and sisters.

[MALE] *Dah kya-nawt nyih a-koh maung hna-ma dwae bah.* ဒါ ကျွန်တော့် ညီအကိုမောင်နှမတွေပါ။

[FEMALE] *Dah kya-ma nyih a-koh maung hna-ma dwae bah.* ဒါ ကျွန်မ ညီအကိုမောင်နှမတွေပါ။

This is my younger brother.

[MALE] *Dah kya-nawt nyih bah.* ဒါ ကျွန်တော့် ညီပါ။
[FEMALE] *Dah kya-ma maung bah.* ဒါ ကျွန်မ မောင်ပါ။

He is my younger brother.

[MALE] *Thuh kya-nawt nyih bah.* သူ ကျွန်တော့် ညီပါ။
[FEMALE] *Thuh kya-ma maung bah.* သူ ကျွန်မ မောင်ပါ။

This is my younger sister.

[MALE] *Dah kya-nawt nyih ma layy.*
ဒါ ကျွန်တော့်ညီမလေး။

[FEMALE] *Dah kya-ma maung layy.*
ဒါ ကျွန်မ မောင်လေး။

She is my younger sister.
[MALE] *Thuh kya-nawt nyih ma layy bah.*
သူ ကျွန်တော့် ညီမလေးပါ။
[FEMALE] *Thuh kya-ma maung layy bah.*
သူ ကျွန်မ မောင်လေးပါ။

I have four younger brothers.
[FEMALE] *Kya-ma hmah maung layy yauk shi dae.*
ကျွန်မမှာ မောင် လေးယောက် ရှိတယ်။

This is my elder brother.
[MALE] *Dah kya-nawt a-koh bah.*
ဒါ ကျွန်တော့် အကိုပါ။
[FEMALE] *Dah kya-ma a-koh bah.*
ဒါ ကျွန်မ အကိုပါ။

My elder brother's name is James.
[MALE] *Kya-nawt a-koh na-mae James pah.*
ကျွန်တော့်အကို နာမည် James ပါ။
[FEMALE] *Kya-ma a-koh na-mae James pah.*
ကျွန်မ အကို နာမည် James ပါ။

I have an older sister.
[MALE] *Kya-nawt hmah a-ma ta-yauk shi dae.*
ကျွန်တော့်မှာ အမ တစ်ယောက် ရှိတယ်။

My father lives in Chicago.
[MALE] *Kya-nawt a-phay Chicago hmah nay dae.*
ကျွန်တော့်အဖေ Chicago မှာနေတယ်။

My mother lives in Singapore.
[FEMALE] *Kya-ma a-may Singapore hmah nay dae.*
ကျွန်မအမေ Singapore မှာနေတယ်။

Talking About the Weather

KEYWORDS AND EXPRESSIONS

hot season, summer	*nway yah thih*	နွေရာသီ
rainy season	*moe yah thih*	မိုးရာသီ
cold season, winter	*hsaungg yah thih*	ဆောင်းရာသီ
spring	*nway oo*	နွေဦး
fall, autumn	*hsaungg oo*	ဆောင်းဦး

EXCHANGES

It's warm. *Nwayy dae.* နွေးတယ်။

It's hot. *Puh dae.* ပူတယ်။

It's hot and sunny. (It's unpleasant.) *Nay puh dae.*
နေပူတယ်။

It's hot today. *Dih nayt puh dae.* ဒီနေ့ပူတယ်။

It was hot yesterday. *Ma-nayt ga puh dae.*
မနေ့ကပူတယ်။

It'll be hot tomorrow. *Ma-net phyan puh mae.*
မနက်ဖြန်ပူမယ်။

It's not hot today. *Di nayt ma-puh boo.* ဒီနေ့မပူဘူး။

It wasn't hot yesterday. *Ma-nayt ga ma-puh boo.* မနေ့ကမပူဘူး။

It won't be hot tomorrow. *Ma-net phyan ma-puh boo.* မနက်ဖြန်မပူဘူး။

It's very hot today. *Dih nayt thait puh dae.* ဒီနေ့သိပ်ပူတယ်။

It's a little hot today. *Dih nayt naee naee puh dae.* ဒီနေ့နည်းနည်းပူတယ်။

It's humid. *Aite tae.* အိုက်တယ်။

It's cold. *Aye dae.* အေးတယ်။

It's chilly. *Chaan dae.* ချမ်းတယ်။

It's snowing. *Hninn kya dae.* နှင်းကျတယ်။

It's snowing heavily. *Hninn htu dae.* နှင်းထူတယ်။

It's bright and sunny. *Nay thah dae.* နေသာတယ်။

It's not bright and sunny today.
Dih nayt nay ma-thah boo. ဒီနေ့ နေမသာဘူး။

It's raining. *Moe ywah dae.* မိုးရွာတယ်။

It's raining heavily.　　*Moe thaee dae.*　　မိုးသဲတယ်။

It's not raining today.　　*Dih nayt moe ma-ywah boo.*
ဒီနေ့မိုးမရွာဘူး။

It's drizzling.　　*Moe phwaee phwaee kya dae.*
မိုးဖွဲဖွဲကျတယ်။

What will the weather be like in January?
Zun na-wah yih la yah thih oo-du bae loh shi ma-laee.　　ဇန်နဝါရီလရာသီဥတုဘယ်လိုရှိမလဲ။

What's the weather forecast today?
Dih nayt moe lay wa-tha a-chay a-nay bae loh laee.
ဒီနေ့မိုးလေဝသအခြေအနေဘယ်လိုလဲ။

Will it snow tomorrow?
Ma-net phyan hninn kya ma-laa.
မနက်ဖြန်နှင်းကျမလား။

Will it rain tomorrow?
Ma-net phyan moe ywah ma-laa.
မနက်ဖြန်မိုးရွာမလား။

Will it be sunny tomorrow?
Ma-net phyan nay thah ma-laa.
မနက်ဖြန်နေသာမလား။

Talking About Money

KEYWORDS AND EXPRESSIONS

pya (smallest coin denomination)	*pyaa*	ပြား
five-pyar coin	*ngaa byaa zayt*	ငါးပြားစေ့
ten-pya coin	*sae byaa zayt*	ဆယ်ပြားစေ့
fifty pyas	*pyaa ngaa zae*	ပြားငါးဆယ်
Kyat (basic unit of currency, as one hundred pyas)	*Kyut*	ကျပ်
one Kyat	*da-jut*	တစ်ကျပ်
a quarter (of a Kyat)	*ta-mut*	တစ်မတ်
a quarter-Kyat coin	*mut sayt*	မတ်စေ့

NOTE Most transactions in Burma today begin at around 500 Kyats. The *pya* coins once used in commerce are hardly used nowadays due to their insignificant buying power. Under the military regime, the exchange rate in the black market was much higher than what the government exchange counters and agents offered. Therefore, tourists preferred to change money in the black market, which openly operated around Sule Pagoda and Bandoola Park in downtown Yangon. Today, however, it's much safer to rely on government banks, private banks, and legitimate money changers, as they offer rates that are comparable to the dubious black market exchangers.

money (formal)	*ngway*	ငွေ
money (informal)	*pike hsan*	ပိုက်ဆံ
salary	*la ga*	လခ
bank	*bun*	ဘဏ်
broke (informal, slang)	*bain pyet, baing kya*	ဘိုင်ပြတ် ဘိုင်ကျ
credit card	*a-kywayy kut*	အကြွေးကဒ်
ATM	*Ngway htote set*	ငွေထုတ်စက်
money changer	*ngway laee tha-maa*	ငွေလဲသမား

COMMON EXCHANGES

When will I get paid? *Bae dawt la ga ya ma-lae.*
ဘယ်တော့လခရလဲ။

I got paid! *La ga ya be.* လခရပြီ။

I got paid today. *Dih nayt la ga ya dae.*
ဒီနေ့လခရတယ်။

I got paid yesterday. *Ma-nayt ga la ga ya dae.*
မနေ့ကလခရတယ်။

I'll get paid tomorrow. *Ma-net phyan la ga ya mae.*
မနက်ဖြန်လခရမယ်။

I'm going to withdraw money.
Ngway thwaa htote mae. ငွေသွားထုတ်မယ်။

I'm going to take some money out from the bank.
Bun hmah ngway thwaa htoke mae.
ဘဏ်မှာငွေသွားထုတ်မယ်။

I'm going to deposit money.
Ngway thwaa thwinn mae. ငွေသွားသွင်းမယ်။

I'm going to put money into the bank.
Bun hmah ngway thwaa thwinn mae.
ဘဏ်မှာငွေသွားသွင်းမယ်။

Did you bring money? *Pike hsan pah laa.*
ပိုက်ဆံပါလာလား။

I don't have money. *Pike hsan ma-shi boo.*
ပိုက်ဆံမရှိဘူး။

I didn't bring money. *Pike hsan pah ma-lah boo.*
ပိုက်ဆံပါမလာဘူး။

I haven't been paid yet.
La ga ma-htote ya thayy boo. လခမထုတ်ရသေးဘူး။

I'm broke. *Baing pyet nay dae.* ဘိုင်ပြတ်နေတယ်။
Baing kya nay dae. ဘိုင်ကျနေတယ်။

Could you pay for me first?
[MALE] *Kya-nawt a-twet payy htaa bah.*
ကျွန်တော့်အတွက် ပေးထားပါ။
[FEMALE] *Kya-ma a-twet payy htaa bah.*
ကျွန်မအတွက် ပေးထားပါ။

I'll pay you back later.
Naut hma pyan payy mae.
နောက်မှ ပြန်ပေးမယ်။

Can I borrow some money?/ Could you lend me some money?
Pike hsan naee naee chee lo ya ma-laa.
ပိုက်ဆံနည်းနည်းချေးလို့ရမလား။

You can pay me back later.
[MALE] *Naut hma kya-nawt go pyan payy bah.*
နောက်မှကျွန်တော့်ကို ပြန်ပေးပါ။
[FEMALE] *Naut hma kya-ma go pyan payy bah.*
နောက်မှကျွန်မ ကို ပြန်ပေးပါ။

Talking About Animals

KEYWORDS AND EXPRESSIONS

cat	*kyaung*	ကြောင်
dog	*khwayy*	ခွေး
fish	*ngaa*	ငါး
bird	*hnget*	ငှက်
chicken	*kyet*	ကြက်
pig	*wet*	ဝက်
cow	*nwaa*	နွား
buffalo	*kywaee*	ကျွဲ
elephant	*hsin*	ဆင်
deer	*tha-min*	သမင်
	or *da-yae*	ဒရယ်
bear	*wet wune*	ဝက်ဝံ
snake	*mway*	မြွေ
crow	*kyee gun*	ကျီးကန်း
frog	*phaa*	ဖါး
sparrow	*sah ga-layy*	စာကလေး
pigeon	*kho*	ခို
seagull	*zin yaw*	ဇင်ရော်
rabbit	*yone*	ယုန်
guinea pig	*poo*	ပူး
turtle	*lait*	လိပ်
unit classifier for animals	*kaung*	ကောင်
one creature	*da-gaung*	တစ်ကောင်
two creatures	*hna-kaung*	နှစ်ကောင်
three creatures	*thonne gaung*	သုံးကောင်

one cat	*kyaung da-gaung*	ကြောင်တစ်ကောင်
two dogs	*khwayy hna-kaung*	ခွေးနှစ်ကောင်
three fishes	*ngaa thonne kaung*	ငါးသုံးကောင်

COMMON EXCHANGES

Do you love cats? *Kyaung chit laa.* ကြောင်ချစ်လား။

Do you have cats? *Kyaung shi laa.* ကြောင်ရှိလား။

I love cats.
[MALE] *Kya-naw kyaung chit tae.*
ကျွန်တော် ကြောင်ချစ်တယ်။
[FEMALE] *Kya-ma kyaung chit tae.*
ကျွန်မကြောင်ချစ်တယ်။

I have a cat.
[MALE] *Kya-nawt hmah kyaung da-gaung shi dae.*
ကျွန်တော် မှာ ကြောင်တစ်ကောင်ရှိတယ်။
[FEMALE] *Kya-ma hmah kyaung da-gaung shi dae.*
ကျွန်မမှာ ကြောင်တစ်ကောင်ရှိတယ်။

I'm allergic to cats.
[MALE] *Kya-naw kyaung naet ma-taet boo.*
ကျွန်တော် ကြောင်နဲ့မတည့်ဘူး။
[FEMALE] *Kya-ma kyaung naet ma-taet boo.*
ကျွန်မ ကြောင်နဲ့မတည့်ဘူး။

Do you love dogs? *Khwayy chit laa.* ခွေးချစ်လား။

I love dogs.
[MALE] *Kya-naw khwayy chit tae.*
ကျွန်တော်ကြောင်ချစ်တယ်။
[FEMALE] *Kya-ma khwayy chit tae.*
ကျွန်မ ခွေးချစ်တယ်။

Do you have dogs? *Khwayy shi laa.* ခွေးရှိလား။

I have two dogs.
[MALE] *Kya-nawt hmah khwayy hna-kaung shi dae.*
ကျွန်တော့်မှာ ခွေးနှစ်ကောင်ရှိတယ်။
[FEMALE] *Kya-ma hmah khwayy hna-kaung shi dae.*
ကျွန်မမှာ ခွေးနှစ်ကောင်ရှိတယ်။

I'm allergic to dogs.
[MALE] *Kya-naw khwayy naet ma-taet boo.*
ကျွန်တော် ခွေးနဲ့မတည့်ဘူး။
[FEMALE] *Kya-ma khwayy naet ma-taet boo.*
ကျွန်မ ခွေးနဲ့မတည့်ဘူး။

Talking About Art

KEYWORDS AND PHRASES

art	*a-nu pyin nyah*	အနုပညာ
artist	*a-nu pyin nyah thae*	အနုပညာသည်
painting (as an art)	*ba-jih*	ပန်းချီ
painting	*ba-jih kaa*	ပန်းချီကား
to paint	*ba-jih swaee*	ပန်းချီဆွဲ
painter	*ba-jih hsa-yaa*	ပန်းချီဆရာ
cartoon	*kah toon*	ကာတွန်း
to draw a cartoon	*kah toon swaee*	ကာတွန်းဆွဲ
cartoonist	*kah toon hsa-yaa*	ကာတွန်းဆရာ
making sculptures (as an art form)	*ba-bu*	ပန်းပု
sculpture	*ba-bu yoat*	ပန်းပုရုပ်
to sculpt	*ba-bu htu*	ပန်းပုထု
sculpture artist	*ba-bu hsa-yaa*	ပန်းပုဆရာ
poetry	*ga-byaa*	ကဗျာ
to compose poetry	*ga-byaa sut*	ကဗျာစပ်
poet	*ga-byaa hsa-yaa*	ကဗျာဆရာ
novel	*wut htu*	ဝတ္ထု
to write a novel	*wut htu yayy*	ဝတ္ထုရေး
short story	*wut htu toh*	ဝတ္ထုတို
full-length novel	*wut htu shay*	ဝတ္ထုရှည်
novelist	*wut htu hsa-yaa*	ဝတ္ထုဆရာ
writer	*sah yayy hsa-yaa*	စာရေးဆရာ

art gallery	*a-nu pyin nyah pya gaan*	အနုပညာပြခန်း
museum	*pya dike*	ပြတိုက်
gallery	*pya gaan*	ပြခန်း
exhibit	*pya bwaee*	ပြပွဲ
painting gallery	*ba-jih pya gaan*	ပန်းချီပြခန်း
painting and drawing exhibition	*ba-jih pya bwaee*	ပန်းချီပြပွဲ
bookstore	*saa oat hsaing*	စာအုပ်ဆိုင်
library	*saa kyi dike*	စာကြည့်တိုက်
interested	*wah tha-nah pah dae* (or) *sait win zaa dae*	ဝါသနာပါတယ် စိတ်ဝင်စားတယ်။

Are you interested in painting?
Ba-jih wah tha-nah pah laa. ပန်းချီဝါသနာပါလား။

Do you paint/draw? *Ba-jih swaee laa.* ပန်းချီဆွဲလား။

I'm interested in painting.
[MALE] *Kya-naw ba-jih wah tha-nah pah dae.*
ကျွန်တော်ပန်းချီဝါသနာပါတယ်။
[FEMALE] *Kya-ma ba-jih wah tha-nah pah dae.*
ကျွန်မပန်းချီဝါသနာပါတယ်။

I create paintings. (lit., I draw paintings.)
[MALE] *Kya-naw ba-jih swaee dae.*
ကျွန်တော်ပန်းချီဆွဲတယ်။
[FEMALE] *Kya-ma ba-jih swaee dae.*
ကျွန်မပန်းချီဆွဲတယ်။

We'd/I'd like to go to the National Museum.

A-myoe thaa pya dike thwaa jin dae.
အမျိုးသားပြတိုက်သွားချင်တယ်။

We'd/I'd like to go to the painting exhibit.

Ba-jih pya bwaee thwaa jin dae.
ပန်းချီပြပွဲသွားချင်တယ်။

Shall we go to a painting exhibit?

Ba-jih pya bwaee thwaa ma-laa.
ပန်းချီပြပွဲသွားမလား။

I like this painting. *Dih ba-jih kaa goh kyite tae.*
ဒီပန်းချီကားကိုကြိုက်တယ်။

I don't like that painting.

Hoh ba-jih kaa go ma-kyite phoo.
ဟိုပန်းချီကားကိုမကြိုက်ဘူး။

Van Gogh is the painter I like most.

[MALE] *Kya-naw a-kyite hsonne ba-jih hsa-yaa Van Gogh bah.* ကျွန်တော်အကြိုက်ဆုံးပန်းချီဆရာ *Van Gogh* ပါ။
[FEMALE] *Kya-ma a-kyite hsonne ba-jih hsa-yaa Van Gogh bah.* ကျွန်မအကြိုက်ဆုံးပန်းချီဆရာ *Van Gogh* ပါ။

Monet is the painter I like most.

[MALE] *Kya-naw a-kyite hsonne ba-jih hsa-yaa Monet bah.* ကျွန်တော်အကြိုက်ဆုံးပန်းချီဆရာ *Monet* ပါ။
[FEMALE] *Kya-ma a-kyite hsonne ba-jih hsa-yaa Monet bah.* ကျွန်မအကြိုက်ဆုံးပန်းချီဆရာ *Monet* ပါ။

Which writer do you like most?

[MALE] *Kya-myaa a-kyite hsonne sah yayy hsa-yaa bae thu laee.* ခင်ဗျားအကြိုက်ဆုံးစာရေးဆရာဘယ်သူလဲ။

[FEMALE] *Shin a-kyite hsonne sah yayy hsa-yaa bae thu laee.* ရှင်အကြိုက်ဆုံးစာရေးဆရာဘယ်သူလဲ။

George R.R Martin is the writer I like most.

[MALE] *Kya-naw a-kyite hsonne sah yayy hsa-yaa George R.R. Martin bah.*
ကျွန်တော်အကြိုက်ဆုံးစာရေးဆရာ George R.R. Martin ပါ။

[FEMALE] *Kya-ma a-kyite hsonne sah yayy hsa-yaa George R.R. Martin bah.*
ကျွန်မအကြိုက်ဆုံးစာရေးဆရာ George R.R. Martin ပါ။

Tech Talk

KEYWORDS AND EXPRESSIONS

computer	*kon pyuh tah*	ကွန်ပျူတာ
mobile phone	*moh baing phonne*	မိုဘိုင်ဖုန်း
Internet	*In tah net*	အင်တာနက်
Internet café	*In tah net hsaing*	အင်တာနက်ဆိုင်
email	*ee mayy*	အီမေးလ်
mobile phone number	*moh baing phone nun but*	မိုဘိုင်ဖုန်းနံပတ်
SIM card	*Sim kut*	ဆင်းမ်ကဒ်
Internet speed	*In tah net a-shain*	အင်တာနက်အရှိန်
WiFi	*Waing phaing*	ဝိုင်ဖိုင်
blog	*ba-lauk*	ဘလောက်

NOTE Like many other languages with a limited computer-centric syntax, Burmese borrows and adopts a lot of standard technology-related English terms, like "upload", "download", "program", "software", and "operating system" into its own vocabulary. You'll find that, when talking about technology, most nouns and verbs are English words, or Burmanized versions of English words.

COMMON EXCHANGES

Does this shop have Internet access?
Dihh hsaing hmah In tah net shi laa.
ဒီဆိုင်မှာ အင်တာနက် ရှိလား။

Does this shop have WiFi?
Dih hsaing hmah waing phaing shi laa.
ဒီဆိုင်မှာ ဝိုင်ဖိုင် ရှိလား။

Can I get Internet access here?
Dih hmah In tah net ya laa. ဒီမှာ အင်တာနက် ရလား။

Can I get WiFi here? *Dih hmah waing phaing ya laa.*
ဒီမှာ ဝိုင်ဖိုင် ရလား။

Does this hotel have WiFi?
Dih haw tae hmah waing phaing shi laa.
ဒီ ဟော်တယ်မှာ ဝိုင်ဖိုင် ရှိလား။

Does this teashop have WiFi?
Dih la-phet yay zaing hmah waing phaing shi laa.
ဒီ လက်ဖက်ရည်ဆိုင်မှာ ဝိုင်ဖိုင် ရှိလား။

Does this teashop have free Internet?
Dih la-phet yay zaing hmah a-kha maet In tah net shi laa. ဒီ လက်ဖက်ရည်ဆိုင်မှာ အခမဲ့ အင်တာနက် ရှိလား။

Can I rent a computer?
Kon pyuh tah hngaa lo ya ma-laa.
ကွန်ပျူတာ ငှားလို့ ရမလား။

I'd like to rent a computer.
Kon pyuh tah hngaa jin tae. ကွန်ပျူတာ ငှားချင်တယ်။

What's the WiFi password?
Waing phaing za-ga-hwet bah laee.
ဝိုင်ဖိုင် စကားဝှက် ဘာလဲ။

May I have the WiFi password?
Waing phaing za-ga-hwet payy lo ya ma-laa.
ဝိုင်ဖိုင် စကားဝှက် ပေးလို့ရမလား။

I'd like to rent a portable WiFi router.
Portable WiFi router wae jin dae.
Portable ဝိုင်ဖိုင် router ဝယ်ချင်တယ်။

I'd like to buy a portable charger.
Arr thwinn joe wae jin dae.
အားသွင်းကြိုး ဝယ်ချင်တယ်။

Do you have a 3G/4G/data SIM card?
3D/4G/data Sim kut shii laa.
3D/4G/data ဆင်မ်ကဒ် ရှိလား။

Can I buy a SIM card here? *Sim kut wae lo ya ma-laa.*
ဆင်မ်ကဒ် ဝယ်လို့ရမလား။

I'd like to buy a SIM card. *Sim kut wae jin dae.*
ဆင်မ်ကဒ် ဝယ်ချင်တယ်။

Do you sell a SIM card? *Sim kut yaungg laa.*
ဆင်မ်ကဒ် ရောင်းလား။

Do you sell SIM cards here?
Dih hmah sim kut yaung laa.
ဒီမှာ ဆင်မ်ကဒ် ရောင်းလား။

I'd like to keep in touch with you.
[MALE] *Kya-naw kha-myaa go hsaet thwae jin dae.*
ကျွန်တော် ခင်ဗျားကို ဆက်သွယ်ချင်တယ်။
[FEMALE] *Kya-ma shint go hsaet thwae jin dae.*
ကျွန်မ ရှင့်ကို ဆက်သွယ်ချင်တယ်။

Going to the Train Station

KEYWORDS AND EXPRESSIONS

train	*ya-htaa*	ရထား
train station	*buh dah yone*	ဘူတာရုံ
Yangon Central Railway Station	*Yangon Buh dah jee*	ရန်ကုန်ဘူတာကြီး
ticket	*let hmut*	လက်မှတ်
train ticket	*ya-htaa let hmut*	ရထားလက်မှတ်
regular ticket	*yoe yoe daan let hmut*	ရိုးရိုးတန်း လက်မှတ်
upper class ticket	*a-htet taan let hmut*	အထက်တန်း လက်မှတ်
first class ticket	*pa-hta-ma daan let hmut*	ပထမတန်း လက်မှတ်
one-way ticket	*ta-lun thwaa let hmut*	တစ်လမ်းသွား လက်မှတ်
round-trip ticket	*a-thwaa a-pyan let hmut*	အသွားအပြန် လက်မှတ်
express train	*a-myan ya-htaa*	အမြန်ရထား
night train	*nya ya-htaa*	ညရထား
city-circling train ride	*myo but ya-htaa see*	မြို့ပတ်ရထား စီး

COMMON EXCHANGES

Where can I buy train tickets?
Ya-htaa let hmut bae hmah wae ya ma-laee.
ရထားလက်မှတ် ဘယ်မှာဝယ်ရမလဲ။

I'd like to buy a train ticket.
Ya-htaa let hmut wae jin dae.
ရထားလက်မှတ် ဝယ်ချင်တယ်။

Where is the train to Mandalay?
Mandalay ya-htaa bae hmah laee.
မန္တလေးရထား ဘယ်မှာလဲ။

Where is the train to Yangon?
Yangon ya-htaa bae hmah laee.
ရန်ကုန်ရထား ဘယ်မှာလဲ။

Where is the train to Bagun?
Bagun ya-htaa bae hmah laee.
ပုဂံ ရထား ဘယ်မှာလဲ။

When will the train to Mandalay arrive?
Mandalay ya-htaa bae dawt lah ma-laee.
မန္တလေးရထား ဘယ်တော့ လာမလဲ။

When will the train to Yangon arrive?
Yangon ya-htaa bae dawt lah ma-lae.
ရန်ကုန်ရထား ဘယ်တော့ လာမလဲ။

Please give me one ticket.
Let hmut da-zaung payy bah.
လက်မှတ် တစ်စောင်ပေးပါ။

Please give me two tickets.
Let hmut hna-saung payy bah.
လက်မှတ် နှစ်စောင်ပေးပါ။

Please give me three tickets.
Let hmut thonne zaung payy bah.
လက်မှတ် သုံးစောင်ပေးပါ။

Please give me one ticket for ordinary class.
Yoe yoe daan let hmut da-zaung payy bah.
ရိုးရိုးတန်းလက်မှတ် တစ်စောင်ပေးပါ။

Please give me a second class ticket.
Du ti ya daan let hmut da-zaung payy bah.
ဒုတိယတန်း လက်မှတ် တစ်စောင်ပေးပါ။

Please give me one ticket for a first-class berth/cabin.
Pa-hta-ma daan ait khaan let hmut da-zaung payy bah.
ပထမတန်း အိပ်ခန်း လက်မှတ် တစ်စောင်ပေးပါ။

Going to the Airport

KEYWORDS AND EXPRESSIONS

airplane	*lay yin*	လေယာဉ်
airport	*lay zait*	လေဆိပ်
Mingaladon airport	*Mingaladon lay zait*	မင်္ဂလာဒုံလေဆိပ်
Yangon airport	*Yangon lay zait*	ရန်ကုန်လေဆိပ်
Mandalay airport	*Mandalay lay zait*	မန္တလေးလေဆိပ်
Heho airport	*Heho lay zait*	ဟဲဟိုးလေဆိပ်
Nyaung Oo airport	*Nyaung Oo lay zait*	ညောင်ဦးလေဆိပ်
domestic	*pyih dwinn*	ပြည်တွင်း
foreign	*pyih pa*	ပြည်ပ
immigration	*lu win hmuu kyi kyut yayy*	လူဝင်မှုကြီးကြပ်ရေး
immigration official	*lu win hmuu kyi kyut yayy a-yah yi*	လူဝင်မှုကြီးကြပ်ရေးအရာရှိ
customs	*a-kaut khon*	အကောက်ခွန်
customs officer	*a-kaut khon a-yah shi*	အကောက်ခွန်အရာရှိ
airline	*lay jaungg*	လေကြောင်း
trip/flight	*kha-yee zin*	ခရီးစဉ်
passport	*naing ngan koo let hmut*	နိုင်ငံကူးလက်မှတ်

COMMON EXCHANGES

Where are the domestic airlines?
Pyih dwinn lay jaungg dway bae hmah laee.
ပြည်တွင်းလေကြောင်းတွေ ဘယ်မှာလဲ။

Where are the foreign airlines?
Pyih pa lay jaungg dway bae hmah laee.
ပြည်ပလေကြောင်းတွေ ဘယ်မှာလဲ။

Where is the plane for Mandalay?
Mandalay lay yin bae hmah laee.
မန္တလေး လေယာဉ် ဘယ်မှာလဲ။

Where is the plane for Yangon?
Yangon lay yin bae hmah laee.
ရန်ကုန လေယာဉ် ဘယ်မှာလဲ။

Please give me one ticket.
Let hmut da-zaung payy bah.
လက်မှတ်တစ်စောင် ပေးပါ။

Please give me two tickets.
Let hmut hna-saung payy bah.
လက်မှတ်နှစ်စောင် ပေးပါ။

When will the plane be here (touch down)?
Lay yin bae dawt hsite ma-laee.
လေယာဉ် ဘယ်တော့ ဆိုက်မလဲ။

When will the plane for Mandalay be here (touch down)? *Mandalay lay yin bae dawt hsite ma-laee.*
မန္တလေး လေယာဉ် ဘယ်တော့ ဆိုက်မလဲ။

When will the plane for Bagan be here (touch down)? *Bagun lay yin bae dawt hsite ma-laee.*
ပုဂံ လေယာဉ် ဘယ်တော့ ဆိုက်မလဲ။

When will the plane for Yangon be here (touch down)? *Yangon lay yin bae dawt hsite ma-laee.*
ရန်ကုန် လေယာဉ် ဘယ်တော့ ဆိုက်မလဲ။

When will the plane take off/leave?
Lay yin bae dawt htwet ma-laee.
လေယာဉ် ဘယ်တော့ ထွက်မလဲ။

When will the plane for Mandalay take off/leave?
Mandalay lay yin bae dawt htwet ma-laee.
မန္တလေး လေယာဉ် ဘယ်တော့ ထွက်မလဲ။

When will the plane for Bagan take off/leave?
Bagun lay yin bae dawt htwet ma-laee.
ပုဂံ လေယာဉ် ဘယ်တော့ ထွက်မလဲ။

When will the plane for Yangon take off/leave?
Yangon lay yin bae dawt htwet ma-laee.
ရန်ကုန် လေယာဉ် ဘယ်တော့ ထွက်မလဲ။

At the Bank

KEYWORDS AND PHRASES

money (formal)	*ngway*	ငွေ
money (informal)	*pike sun*	ပိုက်ဆံ
account	*ngway sa-yinn*	ငွေစာရင်း
bank account	*bun sa-yinn*	ဘဏ်စာရင်း
debt	*a-kywayy*	အကြွေး
interest	*a-toe*	အတိုး
to borrow	*chayy*	ချေး

COMMON EXCHANGES

I'd like to change some money.
Ngway laee jin dae. ငွေလဲချင်တယ်။

Can I exchange money here?
Dih hmah ngway laee lo ya laa. ဒီမှာ ငွေလဲလို့ ရလား။

What's the exchange rate? *Bae zayy laee.*
ဘယ်စျေးလဲ။

What's the exchange rate today?
Dih nayt pawt zayy bae lauk laee.
ဒီနေ့ ပေါက်စျေး ဘယ်လောက်လဲ။

How much would I get for one US dollar?
Da-daw lah bae lauk payy laee.
တစ်ဒေါ်လာ ဘယ်လောက်ပေးလဲ။

Can I send some money from here?
Dih hmah ngway po lo ya laa. ဒီမှာ ငွေပို့လို့ ရလား။

I'd like to send money to the U.S.
U.S. koh ngway po jin dae. U.S. ကို ငွေပို့ချင်တယ်။

I'd like to send some money to the UK.
UK goh ngway po jin dae. UK ကို ငွေပို့ချင်တယ်။

What's the fee? *Bae lauk kya ma-laee.*
ဘယ်လောက်ကျမလဲ။

What's the sender's fee? *Po ga bae lauk laee.*
ပို့ခ ဘယ်လောက်လဲ။

I'd like to withdraw some money.
Ngway htoke chin dae. ငွေထုတ်ချင်တယ်။

What's the interest rate? *A-toe bae laut laee.*
အတိုးဘယ်လောက်လဲ။

This is my bank account number.
[MALE] *Dah kya-nawt bun sa-yinn nun but pah.*
ဒါ ကျွန်တော့် ဘဏ်စာရင်း နံပါတ် ပါ။

This is my passport.
[FEMALE] *Dah kya-ma naing ngan koo let hmut pah.*
ဒါ ကျွန်မေ နိုင်ငံကူးလက်မှတ်ပါ။

Going to the Cinema

KEYWORDS AND PHRASES

movie/film	*yote shin*	ရုပ်ရှင်
movie theater	*yote shin yone*	ရုပ်ရှင်ရုံ
ticket	*let hmut*	လက်မှတ်
romantic film	*a-chit kaa*	အချစ်ကား
detective film	*sone daut kaa*	စုံထောက်ကား
adventure film	*sont zaa gaan*	စွန့်စားခန်း
comedy	*hah tha kaa*	ဟာသကား
horror/scary film	*kyaut sa-yah kaa*	ကြောက်စရာကား
foreign film	*naing ngan jaa kaa*	နိုင်ငံခြားကား
fantasy film	*sait koo yin kaa*	စိတ်ကူးယဉ်ကား
science fiction	*sait koo yin thait paan kaa*	စိတ်ကူးယဉ်သိပ္ပံကား
murder mystery	*lu thut kaa*	လူသတ်ကား
documentary	*hmut taan tin kaa*	မှတ်တမ်းတင်ကား
cartoon/ animated film	*kah toon kaa*	ကာတွန်းကား

COMMON EXPRESSIONS

I want to watch a movie.
　　Yote shin kyi jin dae.　ရုပ်ရှင်ကြည့်ချင်တယ်။

Let's watch a movie.
　　Yote shin kyi ya aung.　ရုပ်ရှင်ကြည့်ရအောင်။
　　Yote shin kyi ja zo.　ရုပ်ရှင်ကြည့်ကြစို့။

I want to go to a movie theater/cinema.
　　Yote shin yone thwaa jin dae.　ရုပ်ရှင်ရုံသွားချင်တယ်။

Let's go to a movie theater.
　　Yote shin yone thwaa ya aung.　ရုပ်ရှင်ရုံသွားရအောင်။
　　Yote shin yone thwaa ja zo.　ရုပ်ရှင်ရုံသွားကြစို့။

Is there a cinema around here?
　　Dih naa hmah yote shin yone shi laa.
　　ဒီနားမှာ ရုပ်ရှင်ရုံရှိလား။

Where is the movie theater?
　　Yote shin yone bae hmah laee.　ရုပ်ရှင်ရုံဘယ်မှာလဲ။

What film is playing?　*Bah kaa pya nay laee.*
ဘာကားပြနေလဲ။

What do you want to watch?　*Bah kaa kyi jin laee.*
ဘာကားကြည့်ချင်လဲ။

Common Scenarios

Please give me one ticket.
Let hmut da-zaung payy bah.
လက်မှတ်တစ်စောင် ပေးပါ။

Please give me two tickets.
Let hmut hna-saung payy bah.
လက်မှတ်နှစ်စောင် ပေးပါ။

What type of film do you like? *Bah kaa kyite laee.*
ဘာကားကြိုက်လဲ။

Do you like comedy? *Hah tha kaa kyite laa.*
ဟာသကား ကြိုက်လား။

I watched a movie yesterday.
Ma-nayt ga yote shin kyi dae.
မနေ့က ရုပ်ရှင်ကြည့်တယ်။

We're/I'm going to see a movie today.
Dih nayt yote shin thwaa kyi mae.
ဒီနေ့ ရုပ်ရှင် သွားကြည့်မယ်။

We're/I'm going to see a movie tomorrow.
Ma-net phyan yote shin thwaa kyi mae.
မနက်ဖြန် ရုပ်ရှင် သွားကြည့်မယ်။

I like comedy/funny movies.

[MALE] *Kya-naw hah tha kaa kyite tae.*
ကျွန်တော် ဟာသကား ကြိုက်တယ်။
[FEMALE] *Kya-ma hah tha kaa kyite tae.*
ကျွန်မ ဟာသကား ကြိုက်တယ်။

I don't like comedy/funny movies.

[MALE] *Kya-naw hah tha kaa ma-kyite phoo.*
ကျွန်တော် ဟာသကား မကြိုက်ဘူး။
[FEMALE] *Kya-ma hah tha kaa ma-kyite phoo.*
ကျွန်မ ဟာသကား မကြိုက်ဘူး။

I like detective movies.

[MALE] *Kya-naw sone dauk kaa kyite tae.*
ကျွန်တော် စုံထောက်ကား ကြိုက်တယ်။
[FEMALE] *Kya-ma sone dauk kaa kyite tae.*
ကျွန်မ စုံထောက်ကား ကြိုက်တယ်။

I like romantic films.

[MALE] *Kya-naw a-chit kaa kyite tae.*
ကျွန်တော် အချစ်ကား ကြိုက်တယ်။
[FEMALE] *Kya-ma a-chit kaa kyite tae.*
ကျွန်မ အချစ်ကား ကြိုက်တယ်။

Nightlife

KEYWORDS AND PHRASES

night market	*nya zayy daan*	ညစျေးတန်း
pagoda fair	*pha-yaa bwaee*	ဘုရားပွဲ
Chinatown	*Ta-yote taan*	တရုတ်တန်း
music band	*tee waingg*	တီးဝိုင်း
bar	*baa*	ဘား
alcohol	*a-yet*	အရက်
whisky	*wih sa-kih*	ဝီစကီ
beer	*be yah*	ဘီယာ

NOTE Alternatively you can say the name of your preferred drink in English.

USEFUL EXPRESSIONS

Let's go to the night market.
Nya zayy daan thwaa ya aung.
ညစျေးတန်း သွားရအောင်။

We'd/I'd like to visit the night market.
Nya zayy daan thwaa jin dae.
ညစျေးတန်း သွားချင်တယ်။

Let's go get some fresh air at the beach.
Kaan zut hmah lay nyinn thwaa khun ya aung.
ကမ်းစပ်မှာ လေညင်းသွားခံရအောင်။

Common Scenarios

Let's go take a stroll on the beach.
Kann zut hmah laan thwaa shaut ya aung.
ကမ်းစပ်မှာ လမ်းသွားလျှောက်ရအောင်။

Let's go eat some snacks at the pagoda fair.
Pha-yaa bwaee hmah mont thwaa saa ya aung.
ဘုရားပွဲမှာ မုန့်သွားစားရအောင်။

Let's go get some beer at the bar.
Baa hmah be yah thwaa thauk ya aung.
ဘားမှာ ဘီယာသွားသောက်ရအောင်။

Shall we go get some beer at the bar?
Baa hmah be yah thwaa thauk kya ma-laa.
ဘားမှာ ဘီယာသွားသောက်ကြမလား။

Shall we go watch a band perform?
Tee waingg thwaa kyi ja ma-laa.
တီးဝိုင်းသွားကြည့်ကြမလား။

Let's go watch a band perform.
Tee waingg thwaa kyi ya aung.
တီးဝိုင်းသွားကြည့်ရအောင်။

Farewells

I'll be leaving.   *Pyan dawt mae.*   ပြန်တော့မယ်။

I'll be going now.   *Thwaa dawt mae.*   သွားတော့မယ်။

I'm leaving today.
[MALE] *Kya-naw dih nayt pyan mae.*
ကျွန်တော် ဒီနေ့ ပြန်မယ်။
[FEMALE] *Kya-ma dih nayt pyan mae.*
ကျွန်မ ဒီနေ့ ပြန်မယ်။

I'm leaving tomorrow.
[MALE] *Kya-naw ma-net phyan pyan mae.*
ကျွန်တော် မနက်ဖြန် ပြန်မယ်။
[FEMALE] *Kya-ma ma-net phyan pyan mae.*
ကျွန်မ မနက်ဖြန် ပြန်မယ်။

I'm leaving next month.
[MALE] *Kya-naw nauk la pyan mae.*
ကျွန်တော် နောက်လ ပြန်မယ်။
[FEMALE] *Kya-ma nauk la pyan mae.*
ကျွန်မ နောက်လ ပြန်မယ်။

We'll/I'll come again.   *Nauk lah ohnn mae.*
နောက်လာဦးမယ်။

I'll come back next month.

[MALE] *Nauk la kya-naw pyan lah mae.*
နောက်လ ကျွန်တော် ပြန်လာမယ်။
[FEMALE] *Nauk la kya-ma pyan lah mae.*
နောက်လ ကျွန်မ ပြန်လာမယ်။

I'll come back next year.

[MALE] *Nauk hnit kya-naw pyan lah mae.*
နောက်နှစ် ကျွန်တော် ပြန်လာမယ်။
[FEMALE] *Nauk hnit kya-ma pyan lah mae.*
နောက်နှစ် ကျွန်မ ပြန်လာမယ်။

I shall remember you.   *Tha-di ya nay mae.*
သတိရနေမယ်။

I shall always remember you.
A-myae tha-di ya nay mae.   အမြဲ သတိရနေမယ်။

PART THREE
Special Situations

Asking for Help

KEYWORDS AND EXPRESSIONS

Help!	*Kuh bah!*	ကူပါ။
Help (with added urgency)!	*Kuh bah ohnn!*	ကူပါဦး။
Save me!	*Kae bah!*	ကယ်ပါ။
Save me (with added urgency)!	*Kae bah ohnn!*	ကယ်ပါဦး။

COMMON EXCHANGES

I don't know how to swim. *Yay ma-koo dut phoo.*
ရေမကူးတတ်ဘူး။

I'm lost.
[MALE] *Kya-naw laan pyauk nay dae.*
ကျွန်တော် လမ်းပျောက်နေတယ်။
[FEMALE] *Kya-ma laan pyauk nay dae.*
ကွန်မ လမ်းပျောက်နေတယ်။

Where is Sedona hotel?
Sedona haw tae bae hmah laee.
Sedona ဟော်တယ် ဘယ်မှာလဲ။

Where is Strand hotel? *Strand haw tae bae hmah laee.*
Strand ဟော်တယ် ဘယ်မှာလဲ။

Where is the restroom? *Ain thah bae hmah laee.*
အိမ်သာ ဘယ်မှာလဲ။

Where is the hospital? *Hsayy yone bae hmah lae.*
ဆေးရုံ ဘယ်မှာလဲ။

Please take me to the hospital.
Hsayy yone po payy bah. ဆေးရုံ ပို့ပေးပါ။

I'd like to go to the hospital.
Hsayy yone thwaa jin dae. ဆေးရုံ သွားချင်တယ်။

Where is the police station?
Yaee sa-khaan bae hmah laee. ရဲစခန်း ဘယ်မှာလဲ။

Please take me to the police station.
Yaee sa-khaan po payy bah. ရဲစခန်း ပို့ပေးပါ။

I'd like to go to the police station.
Yaee sa-khaan thwaa jin dae. ရဲစခန်း သွားချင်တယ်။

Special Situations

Where is the airport? *Lay zait bae hmah laee.*
လေဆိပ် ဘယ်မှာလဲ။

Please take me to the airport. *Lay sait po payy bah.*
လေဆိပ် ပို့ပေးပါ။

I'd like to go to the airport. *Lay sait thwaa jin dae.*
လေဆိပ် သွားချင်တယ်။

Please call this number for me.
Dih phonne num but khaw payy bah.
ဒီဖုန်းနံပတ် ခေါ်ပေးပါ။

Please call a fire truck for me.
Mee thut kaa khaw payy bah. မီးသတ်ကား ခေါ်ပေးပါ။

Please call an ambulance for me.
Hsayy yone kaa khaw payy baa.
ဆေးရုံကား ခေါ်ပေးပါ။

Please call the police for me. *Yaee khaw payy bah.*
ရဲ ခေါ်ပေးပါ။

Do you speak English?
Inn ga-laik za-gaa pyaww dut laa.
အင်္ဂလိပ် စကားပြောတတ်လား။

Is there an interpreter? *Za-ga-byan shi laa.*
စကားပြန် ရှိလား။

Please take me to the American embassy.
American thun yonne po payy bah.
အမေရိကန် သံရုံးကို ပို့ပေးပါ။

Please call the American embassy for me.
American thun yonne goh phone khaw payy bah.
အမေရိကန် သံရုံးကို ဖုန်းခေါ် ပေးပါ။

EMBASSIES

French embassy	*Pyin thit thun yonne*	ပြင်သစ် သံရုံး
German embassy	*Jah ma-nih thun yonne*	ဂျာမနီ သံရုံး
Chinese embassy	*Ta-yoke thun yonne*	တရုပ် သံရုံး
Japanese embassy	*Ja-pan thun yonne*	ဂျပန် သံရုံး
Indian embassy	*Ain di ya thun yonne*	အိန္ဒိယ သံရုံး
British embassy	*Byi ti sha thun yonne*	ဗြိတိသျှ သံရုံး
Korean embassy	*Ko rii yan thun yonne*	ကိုရီးယန်း သံရုံး
Mexican embassy	*Mat sih koh thun yonne*	မက်ဆီကိုသံရုံး
Russian embassy	*Ru shaa thun yonne*	ရုရှားသံရုံး
Singaporean embassy	*Sin kah puh thun yonne*	စင်ကာပူ သံရုံး

American embassy	*American thun yonne*	အမေရိကန် သံရုံး
Canadian embassy	*Ka-nay dah thun yonne*	ကနေဒါ သံရုံး
Australian embassy	*Aw sa-tayy lya thun yonne*	သြစတြေးလျသံရုံး

Going to the Hospital

KEYWORDS AND EXPRESSIONS

doctor	hsa-yah wune	ဆရာဝန်
nurse	thuh nah byu	သူနာပြု
medicine	hsayy	ဆေး
patient	luh nah	လူနာ
hospital	hsayy yone	ဆေးရုံ
clinic	hsayy gaan	ဆေးခန်း

COMPLAINTS

It hurts.	Nah dae.	နာတယ်။
It hurts here.	Dih hmah nah dae.	ဒီမှာနာတယ်။
I'm dizzy.	Muu dae.	မူးတယ်။
I have a headache.	Gaung kite tae.	ခေါင်းကိုက်တယ်။
I want to throw up.	Arn jin dae.	အန်ချင်တယ်။
My tummy hurts.	Bike nah dae.	ဗိုက်နာတယ်။
I'm having diarrhea.	Wunn pyet nay dae.	ဝမ်းပျက်နေတယ်။
I have gas/ I feel bloated.	Lay hta nay dae.	လေထနေတယ်။
I have a fever/ I feel hot.	Koh puh nay dae.	ကိုယ်ပူနေတယ်။
I have a cough.	Chaungg hsoe nay dae.	ချောင်းဆိုးနေတယ်။

I have the flu.	*Toat kwayy phyit nay dae.*	တုပ်ကွေးဖြစ်နေတယ်။
I'm not feeling well.	*Nay ma-kaungg boo.*	နေမကောင်းဘူး။
I have a fever.	*A-phyaa shi dae.*	အဖျားရှိတယ်။
I'm sick.	*Phyaa nay dae.*	ဖျားနေတယ်။
I'm bleeding.	*Thwayy htwet nay dae.*	သွေးထွက်နေတယ်။
I'm having difficulty breathing.	*A-thet shuu kyut nay dae.*	အသက်ရှူကျပ်တယ်။
I fell.	*Chaw laee thwaa dae.*	ချော်လဲသွားတယ်။

COMMON EXCHANGES

Is there a doctor? *Hsa-yah wune shi laa.*
ဆရာဝန် ရှိပါသလား။

Is the clinic open? *Hsayy gaan phwint bih laa.*
ဆေးခန်းဖွင့်ပြီလား။

Where is the doctor? *Hsa-yah wune bae hmah laee.*
ဆရာဝန် ဘယ်မှာလဲ။

I'd like to see a doctor. *Hsa-yah wune kyi jin dae.*
ဆရာဝန် ကြည့်ချင်တယ်။

Special Situations

What medicine should I take?
Bah hsayy thauk ya ma-laee. ဘာဆေး သောက်ရမလဲ။

Where can I buy medicine?
Bae hmah hsayy wae ya ma-laee.
ဘယ်မှာ ဆေးဝယ်ရမလဲ။

When shall I come back?
Bae dawt pyan lah ya ma-laee.
ဘယ်တော့ ပြန်လာရမလဲ။

I'm feeling better. *Thet thah dae.* သက်သာတယ်။

I'm not feeling better. *Ma-thet thah boo.*
မသက်သာဘူး။

I'm feeling worse. *Poh hsoe lah dae.* ပိုဆိုးလာတယ်။

I'm well now/I'm fine now. *Kaungg thwaa bih.*
ကောင်းသွားပြီ။

At the Post Office

KEYWORDS AND EXPRESSIONS

letter	*sah*	စာ
post office	*sah dike*	စာတိုက်
stamp	*da-sait gaungg*	တံဆိပ်ခေါင်း
parcel	*pah hsae*	ပါဆယ်
postcard	*po sa kut*	ပို့စ်ကဒ်
express parcel	*a-myan yauk pah hsae*	အမြန်ရောက် ပါဆယ်
international parcel	*naing ngan da-gah pah hsae*	နိုင်ငံတကာ ပါဆယ်

COMMON EXCHANGES

I'd like to send a parcel.

[MALE] *Kya-naw pah hsae po jin dae.*
ကျွန်တော် ပါဆယ်ပို့ချင်တယ်။
[FEMALE] *Kya-ma pah hsae po jin dae.*
ကျွန်မ ပါဆယ်ပို့ချင်တယ်။

I'd like to send a letter to San Francisco.

[MALE] *Kya-naw San Francisco goh sah po jin dae.*
ကျွန်တော် San Francisco ကို စာပို့ချင်တယ်။

I'd like to send a parcel to Tokyo.

[FEMALE] *Kya-ma Tokyo goh pah hsae po jin dae.*
ကျွန်မ Tokyo ကို ပါဆယ်ပို့ချင်တယ်။

When will the letter get there?
Bae dawt lauk sah yauk ma-laee.
ဘယ်တော့လောက် စာရောက်မလဲ။

When will the parcel get there?
Bae dawt lauk pah hsae yauk ma-laee.
ဘယ်တော့လောက် ပါဆယ်ရောက်မလဲ။

What's the postage?
Da-zait gaungg boe bae lauk laee.
တံဆိပ်ခေါင်းဖိုး ဘယ်လောက်လဲ။

I'd like to send this parcel by express shipping.
Dih pah hsae go a-myan yauk nee naet po jin dae.
ဒီပါဆယ်ကို အမြန်ရောက်နည်းနဲ့ ပို့ချင်တယ်။

How much faster would that be?
Bae lauk poh myan ma-laee. ဘယ်လောက် ပိုမြန်မလဲ။

How much more do I need to pay?
Bae lauk poh payy ya ma-laee.
ဘယ်လောက် ပိုပေးရမလဲ။

Visiting Temples and Monasteries

KEYWORDS AND PHRASES

pagoda	*pha-yaa*	ဘုရား
shrine	*zay dee*	စေတီ
place of worship/ temple	*pya-yaa jaungg*	ဘုရားကျောင်း
Christian	*Krit yun*	ခရစ်ယာန်
Muslim	*Muh sa-lin*	မွတ်စလင်
Hindu	*Hain duh*	ဟိန္ဒူ
church	*krit yan pya-yaa jaungg*	ခရစ်ယာန် ဘုရားကျောင်း
mosque	*muh sa-lin pya-yaa jaungg*	မွတ်စလင် ဘုရားကျောင်း
Hindu temple	*Hain du pya-yaa jaungg*	ဟိန္ဒူ ဘုရားကျောင်း
monk	*phonne jee*	ဘုန်းကြီး
monastery	*phonne jee kyaungg*	ဘုန်းကြီးကျောင်း
Buddhist nun	*Thih la shin*	သီလရှင်
Buddhist nunnery	*Thih la shin kyaungg*	သီလရှင်ကျောင်း
to make an offering	*kut*	ကပ်
to offer flowers	*paan kut*	ပန်းကပ်
to offer water	*yay kut*	ရေကပ်
Monday corner	*Ta-ninn lah daunt*	တနင်္လာထောင့်
Tuesday corner	*In gah daunt*	အင်္ဂါထောင့်

Wednesday corner	*Bote da-hoo daunt*	ဗုဒ္ဓဟူးထောင့်
Thursday corner	*Kyah thah ba-dayy daunt*	ကြာသပတေးထောင့်
Friday corner	*Thauk kyah daunt*	သောကြာထောင့်
Saturday corner	*Sa-nay daunt*	စနေထောင့်
Sunday corner	*Ta-ninn nga-nway daunt*	တနင်္ဂနွေထောင့်

NOTE On special occasions and religious days, Burmese temple goers offer flowers or water at the corner-shrine dedicated to the day of the week they were born.

USEFUL EXPRESSIONS

We'd/I'd like to go to the pagoda.

Pya-yaa thwaa jin dae.
ဘုရားသွားချင်တယ်။

We'd/I'd like to go to Shwe Dagon Pagoda.

Shwe Dagon pya-yaa thwaa jin dae.
ရွှေတိဂုံဘုရား သွားချင်တယ်။

We'd/I'd like to go to Kaung Hmu Daw Pagoda.

Kaung hmuu daw pha-yaa thwaa jin dae.
ကောင်းမှုတော်ဘုရား သွားချင်တယ်။

Special Situations

We'd/I'd like to go to Lawka Nanda.
Lawka Nanda thwaa jin dae.
လောကနန္ဒာ သွားချင်တယ်။

We'd/I'd like to offer flowers at the Saturday corner.
Sa-nay daunt hmah paan kut chin dae.
စနေထောင့်မှာ ပန်းကပ်ချင်တယ်။

We'd/I'd like to offer water at the Monday corner.
Ta-ninn lah daunt hmah yay kut chin dae.
တနလ်ာထောင့်မှာ ရေကပ်ချင်တယ်။

Please take me to Shwe Dagon Pagoda.
Shwe Dagon pya-yaa po payy bah.
ရွှေတိဂုံဘုရား ပို့ပေးပါ။

Please take me to Kaung Hmuu Daw Pagoda.
Kaung hmuu daw pha-yaa po payy bah.
ကောင်းမှုတော်ဘုရား ပို့ပေးပါ။

Please take me to Kyaiktiyo.
Kyaiktiyo po payy bah.
ကျိုက်ထီးရိုး ပို့ပေးပါ။

Speaking to Buddhist Nuns and Monks

Monks and nuns are considered to be spiritual guardians, and are accorded great reverence. When talking to them, remember to use a unique set of pronouns.

KEYWORDS AND PHRASES

The terms you use when speaking to monks and nuns

abbot	*hsa-yah daw*	ဆရာတော်
resident abbot of a monastery	*kyaungg daing hsa-yah daw*	ကျောင်းထိုင်ဆရာတော်
monk	*oo zinn*	ဦးဇင်း
novice	*koh yin*	ကိုရင်
nun	*hsa-yah layy*	ဆရာလေး
yes	*tin bah*	တင်ပါ
I [MALE]	*da-baet daw*	တပည့်တော်
I [FEMALE]	*da-baet daw ma*	တပည့်တော်မ

The terms used by monks and nuns when they address you:

male patron *da-gah* ဒကာ
  (what a monk or nun calls you if you're male)
female patron *da-gah ma* ဒကာမ
  (what a monk or nun calls you if you're female)
older patron *da-gah jee* ဒကာကြီး
  (if you're male)

older patron (if you're female)	*da-gah ma jee*	ဒကာမကြီး
young patron (if you're a young man)	*da-gah layy*	ဒကာလေး
young patron (if you're a young woman)	*da-gah ma layy*	ဒကာမလေး

GENERAL BUDDHIST TERMS

precept	*thih la*	သီလ
The Five Precepts	*Ngaa baa thih la*	ငါးပါးသီလ
Three Jewels of Buddhism	*Ya-da-nah thonne baa*	ရတနာသုံးပါး
Buddha, Dharma, and the Sangha	*Pya-yaa, ta-yaa, thaan ga*	ဘုရား၊ တရား၊ သံဃာ
donation	*a-hluh*	အလှူ
to donate water	*yay hluh*	ရေလှူ
to donate flowers	*paan hluh*	ပန်းလှူ
to donate material goods	*pyit see hluh*	ပစ္စည်းလှူ
to offer flowers	*paan kut*	ပန်းကပ်
to offer water	*yay kut*	ရေကပ်
traditional exclamation at the end of prayers or Buddhist ceremonies	*thah du, thah du, thah du*	သာဓု၊ သာဓု၊ သာဓု။

USEFUL EXPRESSIONS

We'd/I'd like to go to a monastery.
Phonne jee kyaungg thwaa jin dae.
ဘုန်းကြီးကျောင်း သွားချင်တယ်။

We'd/I'd like to go to Aung Thu Kha monastery.
Aung Thu Kha phonne ji kyaungg thwaa jin dae.
အောင်သုခ ဘုန်းကြီးကျောင်း သွားချင်တယ်။

Please take me to Lawka Nanda monastery.
Lawka Nanda phonne jee kyaungg po payy bah.
လောကနန္ဒာ ဘုန်းကြီးကျောင်း ပို့ပေးပါ။

Is the abbot available? *Hsa-yah daw shi bah tha-laa.*
ဆရာတော်ရှိပါသလား။

Is the monk U Nya Ni Ka available?
Oo Zinn U Nya Ni Ka shi bah tha-laa.
ဦးဇင်း ဦးဉာဏိက ရှိပါသလား။

Is the nun Daw Sanda Wadi available?
Hsa-yah layy Daw Sanda Wadi shi bah tha-laa.
ဆရာလေး ဒေါ်စန္ဒာဝတီ ရှိပါသလား။

I'd like to offer the abbot a meal.
Hsa-yah dawt goh hswune kut chin dae.
ဆရာတော့်ကို ဆွမ်းကပ်ချင်တယ်။

Special Situations 159

We'd/I'd like to offer the monks/nuns a meal.
Hswune kut chin dae. ဆွမ်းကပ်ချင်တယ်။

We'd/I'd like to offer the monks/nuns a dawn meal.
Arh yone zune kut chin dae.
အရုဏ်ဆွမ်း ကပ်ချင်တယ်။

We'd/I'd like to offer the monks/nuns a noontime meal.
Nayt lae zune kut chin dae.
နေ့လည်ဆွမ်း ကပ်ချင်တယ်။

I'd like to hear Dharma instructions.
Ta-yaa nah jin dae. တရားနာချင်တယ်။

May all the wishes granted come true!
(Responding to blessings from a monk or a nun)
Payy daet hsu naet pyayt bah zay.
ပေးတဲ့ဆုနဲ့ပြည့်ပါစေ။

Please give me permission (to leave).
Khwint pyu bah. ခွင့်ပြုပါ။

I'll be leaving now.
[MALE] *Da-baet daw pyan lite pah ohnn mae.*
တပည့်တော် ပြန်လိုက်ဦးမယ်။
[FEMALE] *Da-baet daw ma pyan lite pah ohnn mae.*
တပည့်တော်မ ပြန်လိုက်ဦးမယ်။

Additional Vocabulary

Emotions

agreeable *tha-baww kya dae* သဘောကျတယ်။
angry *sait to dae* စိတ်တိုတယ်။
believe *yone dae* ယုံတယ်။
delighted *kyi noo dae* ကြည်နူးတယ်။
depressed *sait nyit tae* စိတ်ညစ်တယ်။
disbelief *ma-yone boo* မယုံဘူး။
friendly *khin min dae* ခင်မင်တယ်။
glad *waan thah dae* ဝမ်းသာတယ်။
happy *pyaw dae* ပျော်တယ်။
hate *monne dae* မုန်းတယ်။
love *chit tae* ချစ်တယ်။
patient *sait shay dae* စိတ်ရှည်တယ်။
reassured *sait cha dae* စိတ်ချတယ်။
sad *waan nae dae* ဝမ်းနည်းတယ်။
sure *thay jah dae* သေချာတယ်။
suspicious *thun tha-ya shi dae* သံသယရှိတယ်။
unhappy *ma-pyaw boo* မပျော်ဘူး။
worried *sait puh dae* စိတ်ပူတယ်။

Describing people

big *kyee* ကြီး
chubby *toat* တုတ်
dark *a-thaa maee* အသားမည်း
fair *a-thaa phyuh* အသားဖြူ
fat *wa* ဝ
hard-working *kyoe zaa* ကြိုးစား
lazy *pyinn* ပျင်း
old *oh* အို
old-looking/mature *yint* ရင့်
polite *yin kyayy* ယဉ်ကျေး
rude *yaingg* ရိုင်း
short *pu* ပု
slim *thwae* သွယ်
small *thayy* သေး
stocky *htwaa* ထွား
tall *myint* မြင့်
thin *pain* ပိန်
young *ngae* ငယ်

Additional Vocabulary

Describing objects

broad *kyae* ကျယ်
close *nee* နီး
delicate *nu* နု
far *wayy* ဝေး
fast *myan* မြန်
high *myint* မြင့်
long *shay* ရှည်
low *naint* နိမ့်
narrow *kyinn* ကျဉ်း
rough *kyann* ကြမ်း
short *toh* တို
shriveled *kyonte* ကျုံ့
slow *hnayy* နှေး
smooth *chaw* ချော
sticky *see* စေး
thick (as in books) *htuh* ထူ
thin *paa* ပါး

Common verbs

break something, to *choe* ချိုး
buy, to *wae* ဝယ်
come, to *lah* လာ
demonstrate, to *pya* ပြ
destroy something, to *phyet* ဖျက်
do, to *lote* လုပ်
drink, to *thauk* သောက်
eat, to *saa* စား
explain, to *shinn* ရှင်း
find, to *shah* ရှာ
fly, to *pyan* ပျံ
give, to *payy* ပေး
go, to *thwaa* သွား
go back, to *pyan* ပြန်
listen, to *naa htaung* နားထောင်
lose something, to *pyaut* ပျောက်
run, to *pyayy* ပြေး
sell, to *yaungg* ရောင်း
speak, to *pyaww* ပြော
steal, to *khoe* ခိုး
swim, to *yay koo* ရေကူး
take, to *yu* ယူ
understand, to *naa lae* နားလည်
want, to *loh jin* လိုချင်

Transportation

airplane *lay yin byan* လေယာဉ်ပျံ
airport *lay zait* လေဆိပ်
boat *hlay* လှေ
bus stop *hmat taing* မှတ်တိုင်
bus *bat sa-kaa* ဘတ်စကား
harbor *thin maw zait* သင်္ဘောဆိပ် or *sait kann* ဆိပ်ကမ်း
highway bus *a-wayy byayy kaa* အဝေးပြေးကား
pedal rickshaw *site kaa* ဆိုက်ကား
sampan *thun mun* သမ္ဗန်
ship *thin maww* သင်္ဘော
taxi *a-hngaa kaa* အငှားကား

train station *ya-htaa buh dah* ရထားဘူတာ
train *ya-htaa* ရထား

Animals, Trees and Fruits

animal *ta-rait sun* တိရစ္ဆာန်
apple *paan thee* ပန်းသီး
bamboo *waa* ဝါး
beach *kaan jay* ကမ်းခြေ or *kaan zut* ကမ်းစပ်
bear *wet wune* ဝက်ဝံ
bird *hnget* ငှက်
buffalo *kywae* ကျွဲ
cacao *koh koe* ကိုကိုး
camel *ka-la-oat* ကုလားအုတ်
cat *kyaung* ကြောင်
cave *gu* ဂူ
chicken *kyet* ကြက်
cloud *tain* တိမ်
coconut *ohnn thee* အုန်းသီး
cotton *wah gunne* ဝါဂွမ်း
cow *nwaa* နွား
crow *kyee kun* ကျီးကန်း
cucumber *the-khwaa thee* သခွားသီး
deer *tha-min* သမင် or *da-yae* ဒရယ်
desert *kun ta-ya* ကန္တာရ
dog *khwayy* ခွေး
donkey *myee* မြည်း
duck *bae* ဘဲ
durian *duu yinn* ဒူးရင်း
earth *myay* မြေ
fish *ngaa* ငါး
fire *mee* မီး
forest *taww* တော
flower *paan* ပန်း
frog *phaa* ဖါး
fruit *a-thee* အသီး
garlic *kyet thune phyu* ကြက်သွန်ဖြူ
goat *sait* ဆိတ်
goose *bae ngaan* ဘဲငန်း
grass *myet* မြက်
island *kyoon* ကျွန်း
lamb *thoe* သိုး
mango *tha-yet thee* သရက်သီး
moon *la* လ
mountain *taung* တောင်
nature *tha-bah wa* သဘာဝ
ocean *pin lae* ပင်လယ်
onion *kyet thune ni* ကြက်သွန်နီ
orange *lain maw thee* လိမ္မော်သီး
orchid *thit khwa* သစ်ခွ
palm *htaan thee* ထန်းသီး
papaya *thinn baww thee* သဘော်သီး
pig *wet* ဝက်
pigeon *khoh* ခို
plum *zee thee* ဆီးသီး
rain *moe* မိုး
rainbow *thet tun* သက်တံ

Additional Vocabulary

river *myit* မြစ်
rose *hninn zi* နှင်းဆီ
rubber *rah bah* ရာဘာ
sand *thaee* သဲ
seagull *zin yaw* ဇင်ရော်
sky *kaungg kin* ကောင်းကင်
snake *mway* မြွေ
sparrow *sah ga-layy* စာကလေး
spider *pint guh* ပင့်ကူ
star *kyae* ကြယ်
storm *mone daingg* မုန်တိုင်း
sun *nay* နေ
swan *ngaan* ငန်း
teak *kyunne* ကျွန်း
tiger *kyaa* ကျား
tomato *kha-yaan jin thee* ခရမ်းချဉ်သီး
tree *thit pin* သစ်ပင်
turkey *kyet sin* ကြက်ဆင်
valley *taung jaa* တောင်ကြား
water *yay* ရေ
watermelon *pha-yaee thee* ဖရဲသီး
wind *lay* လေ

Flavors

bitter *khaa* ခါး
crunchy *kyute* ကြွပ်
fresh *sainn* စိမ်း
fragrant *hmwayy* မွှေး
hard *mah* မာ

overripe *poat* ပုပ်
ripe *yint* ရင့်
salty *ngan* ငံ
spicy *sut* စပ်
spoiled *thoe* သိုး
soft *pyawt* ပျော့
sour *chin* ချဉ်
smelly *nun* နံ
sticky *see* စေး
sweet *cho* ချို
tender *nu* နု

Utensils

bowl *pha-laa* ဖလား
chopsticks *tuh* တူ
cup *khwet* ခွက်
fork *kha-yinn* ခက်ရင်း
jar *ohh* အိုး
plate *ba-gan* ပန်းကန်
spoon *zunne* ဇွန်း
tray *lin bann* လင်ပန်း

Burmese cultural terms

accumulated merit *kaan* ကံ
Buddha, Dharma, and Sangha (the three jewels of Buddhism) *Pha-yaa, Ta-yaa, Thun gah* ဘုရား၊ တရား၊ သံဃာ
Buddha *Bote da* ဗုဒ္ဓ
compassion *myit tah* မေတ္တာ
Garuda *Ga-lone* ဂဠုန်

hell *nga-yaee* ငရဲ
life/existence *ba-wa* ဘဝ
merit from good deeds *khu thoh* ကုသိုလ်
minor deity/spirit *nut* နတ်
misery/suffering *dote kha* ဒုက္ခ
Nirvana/enlightenment *Nait bun* နိဗ္ဗာန်
pledge *thit sah* သစ္စာ
pride *mah na* မာန

Anatomy

arm *let maungg* လက်မောင်း
back *kyaww* ကျော
body *khun dah koh* ကိုယ်ခန္ဓာ
bone *a-yoe* အရိုး
buttock *phin* ဖင်
cheek *paa* ပါး
chest *yin* ရင်
chin *mayy* မေး
elbow *da-daung* တံတောင်
eye *myet lonne* မျက်လုံး
fingernail *let thaee* လက်သည်း
foot *chay* ခြေ
hair *za-bin* ဆံပင်
hand *let* လက်
head *gaungg* ခေါင်း
heart *a-thaee* အသည်း or *hna-lonne* နှလုံး
kidney *kyauk kaat* ကျောက်ကပ်
knee *doo* ဒူး
leg *chay dauk* ခြေထောက်
lip *hnote khaan* နှုတ်ခမ်း
muscle *kywet thaa* ကြွက်သား
neck *lae binn* လည်ပင်း
nose *hna-khaung* နှာခေါင်း
sex (gender) *lain* လိင်
thumb *let ma* လက်မ
toenail *chay thaee* ခြေသည်း
tongue *shah* လျှာ
tooth *thwaa* သွား

Colors

black *a-maee yaung* အမည်းရောင်
blue *a-pyah yaung* အပြာရောင်
brown *a-nyoh yaung* အညိုရောင်
gray *mee goe yaung* မီးခိုးရောင်
green *a-sainn yaung* အစိမ်းရောင်
orange *lain maw yaung* လိမ္မော်ရောင်
pink *pann yaung* ပန်းရောင်
purple *kha-yaan yaung* ခရမ်းရောင်
red *a-nih yaung* အနီရောင်
white *a-phyuh yaung* အဖြူရောင်
yellow *a-wah yaung* အဝါရောင်

Additional Vocabulary

Time and frequency indicators

always *a-myaee* အမြဲ
every day *nayt daingg* နေ့တိုင်း
every evening *nya nay daingg* ညနေတိုင်း
every morning *ma-net taingg* မနက်တိုင်း
every night *nya daingg* ညတိုင်း
from time to time *kha-na kha-na* ခဏခဏ
midnight *thaan gaung* or *tha-gaung* သန်းခေါင်
never *bae dawt hma* ဘယ်တော့မှ
not even once *ta-kha hma* တစ်ခါမှ
once in a while *ma-kyah ma-kyah* မကြာမကြာ
sometimes *ta-khah ta-lay* တစ်ခါတစ်လေ
sunrise *nay htwet chain* နေထွက်ချိန်
sunset *nay win jain* နေဝင်ချိန်
twilight *see zah* ဆည်းဆာ

Position indicators

above *a-paw hmah* အပေါ်မှာ
at the front *a-shayt hmah* ရှေ့မှာ
behind *a-naut hmah* နောက်မှာ
below *aut hmah* အောက်မှာ
by the side *bayy hmah* ဘေးမှာ
east *a-shayt* အရှေ့
left *bae* ဘယ်
north *myaut* မြောက်
on the left *bae bet hmah* ဘယ်ဘက်မှာ
on the right *nyah bet hmay* ညာဘက်မှာ
right *nyah* ညာ
south *taung* တောင်
west *a-naut* အနောက်

Politics

ambassador *thun a-mut* သံအမတ်
Assembly of the Union *Pyih daung zu hlute taw* ပြည်ထောင်စု လွှတ်တော်
authoritarian *arh nah shin* အာဏာရှင်
authoritarianism *arh nah shin sa-nit* အာဏာရှင် စနစ်
ballot *mae* မဲ
civilian government *a-yut thaa a-soe ya* အရပ်သား အစိုးရ
civilian *a-yut thaa* အရပ်သား
constitution *a-chay gaan oo ba-day* အခြေခံဥပဒေ
country *naing ngan* နိုင်ငံ
democracy *di mo ka-ray sih* ဒီမိုကရေစီ
diplomat *thun da-mun* သံတမန်
election *ywayy gaut pwaee* ရွေးကောက်ပွဲ

embassy *thun yonne* သံရုံး

freedom *lute lut yayy* လွတ်လပ်ရေး

government *a-soe ya* အစိုးရ

human rights *lu a-khwint a-yayy* လူ့အခွင့်အရေး

law *oo ba-day* ဥပဒေ

Member of the Parliament *Hlute taw a-mut* လွှတ်တော်အမတ်

military government *Sit a-soe ya* စစ်အစိုးရ

minister *wune jee* ဝန်ကြီး

Ministry of Foreign Affairs *Naing ngan jaa yayy wune jee htah na* နိုင်ငံခြားရေးဝန်ကြီးဌာန

parliament *hlute taw* လွှတ်တော်

People's representative *Pyi thu ko za-lae* ပြည်သူ့ကိုယ်စားလှယ်

political prisoner *naing ngan yayy a-kyinn thaa* နိုင်ငံရေးအကျဉ်းသား

politics *naing ngan yayy* နိုင်ငံရေး

President (of a country) *Tha-ma-da* သမ္မတ

Prime minister *Wune jee jote* ဝန်ကြီးချုပ်

soldier *sit thaa* စစ်သား

The Burmese Army *Tut ma-daw* တပ်မတော်

union (country) *pyi daung zu* ပြည်ထောင်စု

union (organization) *tha-ma-ga* သမဂ္ဂ

United Nations *Ku la tha-ma-ga* ကုလသမဂ္ဂ

Education

Archeology *Shayy haungg thu thay tha-na* ရှေးဟောင်းသုတေသန

Astronomy *Nut kha bay da* နက္ခတ္တဗေဒ

Biology *Zih wa bay da* ဇီဝဗေဒ

Burmese study *Myan mah zah* မြန်မာစာ

class *a-taan* အတန်း

college *kaww lait* ကောလိပ်

Dean *Pah mauk kha joke* ပါမောက္ခချုပ်

education *pyin nyah yayy* ပညာရေး

English study *Inn ga-lait sah* အင်္ဂလိပ်စာ

female student *kyaungg thu* ကျောင်းသူ

female teacher *sa-yah ma* ဆရာမ

Geography *Pa-hta-wih* ပထဝီ

Geology *Buh mi bay da* ဘူမိဗေဒ

Head of department *Htah na* ဌာနမှူး

headmaster *kyaungg oat sa-yah* ကျောင်းအုပ်ဆရာ

headmistress *kyaungg oat sa-yah ma* ကျောင်းအုပ်ဆရာမ

high school *a-htet taan* အထက်တန်း

History *Tha-maingg* သမိုင်း

kindergarten *muh jo* မူကြို

learning *pyin nyah* ပညာ

lecturer *ka-hti ka* ကထိက

Linguistics *Bah thah bay da* ဘာသာဗေဒ

male student *kyaungg thaa* ကျောင်းသား

male teacher *sa-yah* ဆရာ

Mathematics *Thin chah* သင်္ချာ

middle school *a-lae daan* အလယ်တန်း

military academy *sit tet ga-thoh* စစ်တက္ကသိုလ်

Philosophy *Dat tha-ni ka bay da* ဒဿနိကဗေဒ

Physics *Yuh pa bay da* ရူပဗေဒ

Political science *Naing ngan yayy thait paan* နိုင်ငံရေးသိပ္ပံ

Primary school *Muh la daan* မူလတန်း

professor *pah mauk kha* ပါမောက္ခ

regional college *day tha kaww lait* ဒေသကောလိပ်

school *kyaungg* ကျောင်း

science *thait paan* သိပ္ပံ

university *tet ga-thoh* တက္ကသိုလ်

English-Burmese Dictionary

A

ability *swaan yih a-yay a-chinn* စွမ်းရည် အရည်အချင်း

about *a-kyaungg* အကြောင်း

above *a-paw hmah* အပေါ်မှာ

accumulated merit *kaan* ကံ

add *paungg* ပေါင်း

administration *oat chote yayy* အုပ်ချုပ်ရေး

admission, entrance fee *win jayy* ဝင်ကြေး

adopt *mwayy zaa* မွေးစား

agree *tha-baww tuh* သဘောတူ

agreeable *tha-baww kya dae* သဘောကျတယ်။

air (n) *lay* လေ

air conditioner *lay ayee set* လေအေးစက်

airplane *lay yin byan* လေယာဉ်ပျံ

airport *lay zait* လေဆိပ်

alcohol *a-yet* အရက်

all *arh lone* အားလုံး

alley *lann jaa* လမ်းကြား

almond *bun dah* ဗဒံ

altar, shrine *pha-yaa zin* ဘုရားစင်

always *a-myaee* အမြဲ

ambivalent *chih tone cha tone* ချီတုံချတုံ

anatomy *khan dah bay da* ခန္ဓာဗေဒ

anchor (for ship) *kyaut suu* ကျောက်ဆူး

angel (spiritual being) *nut* နတ်

anger *daww tha* ဒေါသ

angry *sait to dae* စိတ်တိုတယ်။

animal *ta-rait sun* တိရစ္ဆာန်

ant *pa-ywet sait* ပုရွက်ဆိတ်

anywhere *bae nay yah ma-soh* ဘယ်နေရာမဆို

apple *paan thee* ပန်းသီး

Archeology *Shayy haungg thu thay tha-na* ရှေးဟောင်းသုသေသန

areca nut *kwunne thee* ကွမ်းသီး

argue *nyinn khone* ငြင်းခုံ

arm (body part) *let maungg* လက်မောင်း

arm (weapon) *let net* လက်နက်

armpit *jaingg* ချိုင်း

arrest (v) *phaan* ဖမ်း

arrive *yauk* ရောက်

arrogant, aloof *ba-win myint* ဘဝင်မြင့်

arrow *hmyaa* မြား

article (news magazine) *hsaungg baa* ဆောင်းပါး

ash *pyah* ပြာ

ashamed, humiliated *a-shet kwaee* အရှက်ကွဲ

ashtray *pyah gwet* ပြာခွက်

ask *mayy* မေး

asleep *ait pyaw* အိပ်ပျော်

assembly *a-su a-wayy* အစုအဝေး

Astronomy *Nut kha bay da* နက္ခတ္တဗေဒ

at the front *a-shayt hmah* ရှေ့မှာ

athlete *arr ga-zaa tha-maa* အားကစားသမား

attached (emotionally) *than yaww zin shi* သံယောဇဉ်ရှိ

attachment (emotional) *than yaww zin* သံယောဇဉ်

attack (n) *a-taik a-khaik* အတိုက်အခိုက်

attack (v) *taik khaik* တိုက်ခိုက်

audience *pa-rait thaat* ပရိသတ်

avenge *let saa chay* လက်စားချေ

axe *pa-sain* ပုဆိန်

B

bachelor *luh byoh* လူပျို

bachelorette *a-phyoh* အပျို

back *kyaww* ကျော

back bone *kyaww yoe* ကျောရိုး

ball *baw lone* ဘောလုံး

bamboo *waa* ဝါး

bandage *paat tee* ပတ်တီး

banyan *nyaung* ညောင်

barber, hairdresser *za-bin hnyut tha-maa* ဆံပင်ညှပ်သမား

battery *dut khaee* ဓါတ်ခဲ

bay *pin lae aw* ပင်လယ်အော်

beach *kaan jay* ကမ်းခြေ or *kaan zut* ကမ်းစပ်

bear *wet wune* ဝက်ဝံ

beauty salon *a-hla pyin saing* အလှပြင်ဆိုင်

beautician *a-hla pyin thu* အလှပြင်သူ

bedroom *ait khann* အိပ်ခန်း

bee *pyaa* ပျား

beggar *tha-daungg zaa* သူတောင်းစား

behind *a-naut hmah* နောက်မှာ

believe *yone dae* ယုံတယ်။

below *aut hmah* အောက်မှာ

betel *kunne* ကွမ်း

betel leaf *kunne ywet* ကွမ်းရွက်
betel nut *kunne thee* ကွမ်းသီး
betel quid *kunne yah* ကွမ်းယာ
bicycle *set bainn* စက်ဘီး
big *kyee* ကြီး
big toe *chay ma* ခြေမ
Biology *Zih wa bay da* ဇီဝဗေဒ
bird *hnget* ငှက်
birth certificate *mwayy za-yinn* မွေးစာရင်း
bitter *khaa* ခါး
bitterness *a-khaa* အခါး
black *a-maee yaung* အမည်းရောင်
blanket (n) *saung* စောင်
bleed *thwayy htwet* သွေးထွက်
blood *thwayy* သွေး
blue *a-pyah yaung* အပြာရောင်
boat *hlay* လှေ
body *khun dah koh* ကိုယ်ခန္ဓာ
boil (cooking) *pyote* ပြုတ်
bone *a-yoe* အရိုး
bored *pyinn dae* ပျင်းတယ်။
bossy *sa-yah lote* ဆရာလုပ်
Botany *Yoke kha bay da* ရုက္ခဗေဒ
bottled water *yay thaant* ရေသန့်
bowl *pha-laa* ဖလား
break (v) *choe* ချိုး
breakfast *ma-net sah* မနက်စာ

breast *no* နို့ or *yin* ရင်သား
breath *a-thet* အသက်
breathe *a-thet shuh* အသက်ရှူ
breed, give birth to *mwayy* မွေး
breeze *lay nyinn* လေညင်း
bridge *da-daa* တံတား
bright *linn* လင်း
brightness *a-linn* အလင်း
broad, wide *kyae* ကျယ်
broken, to be *kyoe* ကျိုး
broom *da-byet see* တံမြက်စည်း
brown *a-nyoh yaung* အညိုရောင်
brown-skinned *a-thaa nyo* အသားညို
Buddha *Bote da* ဗုဒ္ဓ
Buddha, Dharma and Sangha (the three jewels of Buddhism) *Pha-yaa, Ta-yaa, Thun gah* ဘုရား၊ တရား၊ သံဃာ
buffalo *kywae* ကျွဲ
bugle *kha-yah* ခရာ
bull *na-htee* နွားထီး
bulldog *khwae ba-loo* ခွေးဘီလူး
bullock cart *nwaa hlaee* နွားလှည်း
bully (v) *boh kya* ဗိုလ်ကျ
Burmese study *Myan mah zah* မြန်မာစာ
bus *bat sa-kaa* ဘတ်စကား
bus fare, passenger fare (on cars) *kaa ga* ကားခ

bus stop *hmat taing* မှတ်တိုင်
busy *a-lote myaa* အလုပ်များ
buttock *phin* ဖင်
buy, to *wae* ဝယ်
buyer, consumer *wae thuh* ဝယ်သူ
by the side *bayy hmah* ဘေးမှာ

C

cacao *koh koe* ကိုကိုး
calendar *pyet ga-dain* ပြက္ခဒိန်
call (v) *khaw* ခေါ်
camel *ka-la-oat* ကုလားအုတ်
camp (n) *sa-khaan* စခန်း
camp (v) *sa-khaan cha* စခန်းချ
candle *pha-yaungg daing* ဖယောင်းတိုင်
candy *tha-jaa lone* သကြားလုံး
cane (n) *kyain* ကြိမ်
cane (v) *kyain lone naet yite* ကြိမ်လုံးနဲ့ရိုက်
canned soda *thun boo* သံဗူး
canon *a-hmauk* အမြောက်
capital *myo daw* မြို့တော် or *ngway yinn* ငွေရင်း
carry *chih* ချီ
cat *kyaung* ကြောင်
cave *gu* ဂူ
cemetery *thinn jaingg* သင်္ချိုင်း
chair *ka-la htaing* ကုလားထိုင်
challenge *sain khaw* စိန်ခေါ်

change (n) *a-pyaungg a-laee* အပြောင်းအလဲ
change (v) *pyaungg* ပြောင်း
charitable spirit, goodwill *say da-nah* စေတနာ
check (for banking) *chet let hmut* ချက်လက်မှတ်
cheek *paa* ပါး
chef *sa-phoh hmuu* စားဖိုမှူး
Chemistry *Dah tu bay da* ဓါတုဗေဒ
cheroot *hsayy bawt lait* ဆေးပေါ့လိပ်
chest *yin* ရင်
chicken *kyet* ကြက်
child *kha-layy* ကလေး
chin (anatomy) *mayy zi* မေးစေ့
Chin (ethnic nationality) *Chinn* ချင်း
chopsticks *tuh* တူ
chrysanthemum *gun da-mah* ဂန္ဓမာ
chubby *toat* တုတ်
church, temple, place of worship *pha-yaa jaungg* ဘုရားကျောင်း
cigar *hsayy byinn lait* ဆေးပြင်းလိပ်
citizen *naing ngan thaa* နိုင်ငံသား
City Hall *Myo daw khann ma* မြို့တော်ခန်းမ
city wall *myo yoe* မြို့ရိုး

civic plan *myo pya sih man gainne* မြို့ပြစီမံကိန်း

civil society *lu a-phwaet a-see* လူ့အဖွဲ့အစည်း

class *a-taan* အတန်း

clean *thant shinn* သန့်ရှင်း

clear up, explain, to *shinn* ရှင်း

cleaver *da-ma* ဓား

clock tower *nah yih zin* နာရီစင်

close, near *nee* နီး

cloud *tain* တိမ်

coal *mee thwayy* မီးသွေး

coconut *ohnn thee* အုန်းသီး

colleague *lote phaw kaing bet* လုပ်ဖော်ကိုင်ဖက်

college *kaww lait* ကောလိပ်

colonize *nae chaet* နယ်ချဲ့

come, to *lah* လာ

commodity prices *kone zayy hnonne* ကုန်ဈေးနှုန်း

compassion *ga-yu nah* ကရုဏာ

computer *kon pyuu tah* ကွန်ပျူတာ

concert *tha-chinn hsoh bwaee* သီချင်းဆိုပွဲ

contract, treaty *sah jote* စာချုပ်

cook *chet* ချက်

correspondence *sah payy sah yuh* စာပေးစာယူ

cotton *wah gunne* ဝါဂွမ်း

country, nation *naing ngan* နိုင်ငံ

cow *nwaa* နွား

crane *joe jah* ကြိုးကြာ

creek *chaung* ချောင်း

court (judiciary) *ta-yaa yonne* တရားရုံး

crooked *kaut* ကောက်

crow *kyee kun* ကျီးကန်း

crunchy *kyute* ကြွပ်

cuckoo *oat aww* ဥဩ

cucumber *the-khwaa thee* သခွားသီး

cup *khwet* ခွက်

curriculum *thin yoe hnyune daan* သင်ရိုးညွှန်းတန်း

curse (to put a curse on) *kyain zaee* ကျိန်ဆဲ

curse, swear *saee* ဆဲ

custard apple *aww zah thee* ဩဇာသီး

D

dance (n) *a-ka* အက

dance (v) *ka* က

dancer *ka jay thae* ကချေသည်

dark *hmaung* မှောင်

dark-skinned *a-thaa maee* အသားမည်း

darkness *a-hmaung* အမှောင်

date (fruit) *sune pa-lune* စွန်ပလွံ

dean, chief professor *pah mauk kha joke* ပါမောက္ခချုပ်

deer *tha-min* သမင် **or** *da-yae* ဒရယ်

delicate *thain mwayt* သိမ်မွေ့

English-Burmese Dictionary

delighted *kyi noo dae* ကြည်နူးတယ်။

delivery fee *po ga* ပို့ခ

demonstrate, to *pya* ပြ

dense *kyit* ကျစ်

deny *nyinn* ငြင်း

depressed *sait nyit tae* စိတ်ညစ်တယ်။

desert *kun ta-ya* ကန္တာရ

desire, to *loh jin* လိုချင်

destroy, to *phyet* ဖျက်

destroyed, to be *pyet* ပျက်

detective *sone daut* စုံထောက်

Dharma *Da-ma* ဓမ္မ

Dharma hall *Da-mah yone* ဓမ္မာရုံ

difficult *khet khaee* ခက်ခဲ

difficulty *a-khet a-khae* အခက်အခဲ

dimple *pa-chaingt* ပါးချိုင့်

diner, restaurant customer *saa thonne thuh* စားသုံးသူ

dining room *hta-minn zaa gunn* ထမင်းစားခန်း

dinner *nya zah* ညစာ

Director (of company) *Hnyuun kyaa yayy hmuu* ညွှန်ကြားရေးမှူး

dirty *nyit paat* ညစ်ပတ်

discouraged *arr ngae* အားငယ်

dishonest *kaut kyit* ကောက်ကျစ်

distance learning *a-wayy yaut thin daan* အဝေးရောက်သင်တန်း

distinct *htoo jaa* ထူးခြား

distinction (in character quality or attribute) *htoo jaa jinn* ထူးခြားခြင်း

distinction (in exam) *gone doo* ဂုဏ်ထူး

divorce (n) *kwah shinn pyat saee jinn* ကွာရှင်းပြတ်စဲခြင်း

divorce (v) *kwah shinn* ကွာရှင်း

dizzy, drunk *moo dae* မူးတယ်။

do, to *lote* လုပ်

documents *saa ywet saa dann* စာရွက်စာတန်း

dog *khwayy* ခွေး

donation *a-hluh* အလှူ

donkey *myee* မြည်း

door *da-gaa* တံခါး

downstream *yay zone* ရေစုန်

dragonfly *ba-zinn* ပုဇဉ်း

drink, to *thauk* သောက်

drinkable, drinks *thauk sa-yah* သောက်စရာ

driver *kaa hsa-yaa* ကားဆရာ

drown *yay nit* ရေနစ်

dry *chauk* ခြောက်

dry cleaner *a-wut shaw hsaing* အဝတ်လျှော်ဆိုင်

duck *bae* ဘဲ

durian *duu yinn* ဒူးရင်း

dust *phone* ဖုံ

dusty *phone htoo* ဖုံထူ

E

eagle *linn yone* လင်းယုန်
ear boring, ear piercing *naa htwinn bwaee* နားထွင်းပွဲ
early *saww* စော
earth *myay* မြေ
East *A-shayt* အရှေ့
easy *lwae* လွယ်
eat, to *saa* စား
edible, food *saa za-yah* စားစရာ
education *pyin nyah yayy* ပညာရေး
egg *u* ဥ
egg (from chicken) *kyet u* ကြက်ဥ
egg (from duck) *baee u* ဘဲဥ
egg (from quail) *ngonne u* ငုံးဥ
eggplant *kha-yaan thee* ခရမ်းသီး
eighth *ut hta-ma* အဋ္ဌမ
elbow *da-daung* တံတောင်
elderly home *boo bwaa yait thah* ဘိုးဘွားရိပ်သာ
elegant *kyet tha-yay shi* ကျက်သရေရှိ
elephant *hsin* ဆင်
emerald *mya* မြ
employ *a-lote khannt* အလုပ်ခန့်
employer *a-lote shin* အလုပ်ရှင်
encourage *arr payy* အားပေး
engage *sayt zut* စေ့စပ်

engagement party *sayt zut kyaungg laan bwaee,* စေ့စပ်ကြောင်းလမ်းပွဲ or *sayt zut pwaee* စေ့စပ်ပွဲ
engagement *sayt zut kyaungg laan jinn* စေ့စပ်ကြောင်းလမ်းခြင်း
English study *Inn ga-lait sah* အင်္ဂလိပ်စာ
entrance *win baut* ဝင်ပေါက်
envelope *saa ait* စာအိပ်
equal *nyih hmya* ညီမျှ
equation *nyih hmya jinn* ညီမျှခြင်း
era, period *kah la* ကာလ
error *a-hmaa* အမှား
escape *lute myaut* လွတ်မြောက်
ethnic nationality *taingg yinn thaa* တိုင်းရင်းသား
every day *nayt daingg* နေ့တိုင်း
every evening *nya nay daingg* ညနေတိုင်း
every morning *ma-net taingg* မနက်တိုင်း
every night *nya daingg* ညတိုင်း
eucalyptus *yuh ka-lit* ယူကလစ်
eugenia *tha-byay* သပြေ
excel (in something) *htoo june* ထူးချွန်
exit *htwet paut* ထွက်ပေါက်
expense *kone kya za-yait* ကုန်ကျစားရိတ်
express car *a-myan kaa* အမြန်ကား

express train *a-myan ya-htaa* အမြန်ရထား

extra *a-poh* အပို

extra helping of food *lite pwaee* လိုက်ပွဲ

eye *myet lonne* မျက်လုံး

F

fair-skinned *a-thaa phyuh* အသားဖြူ

far *wayy* ဝေး

farm (n) *lae* လယ်

farm (v) *lae htune* လယ်ထွန်

farmer *lae tha-maa* လယ်သမား

fast *myan* မြန်

fat *wa* ဝ

feed *kywaee* ကျွေး

female student *kyaungg thu* ကျောင်းသူ

female teacher *sa-yah ma* ဆရာမ

ferry fee *ga-do ga* ကူးတို့ခ

field *kwinn* ကွင်း

fig *tha-phaan* သဖန်း

fifth *pyin sa-ma* ပဉ္စမ

film festival, movie festival *yote shin pwaee daw* ရုပ်ရှင်ပွဲတော်

final offer (in price negotiation) *naut sonne zayy* နောက်ဆုံးဈေး

find, to *shah* ရှာ

fine (punitive fee) *dan ngway* ဒဏ်ငွေ

fingernail *let thaee* လက်သည်း

fire *mee* မီး

firefighter *mee thut tha-maa* မီးသတ်သမား

firefly *poe zone jew* ပိုးစုန်းကြူး

first *pa-hta ma* ပထမ

fish *ngaa* ငါး

fisherman *tha-ngah thae* တံငါသည်

flashlight, torchlight *dut mee* ဓါတ်မီး

flat plain *myay byaant* မြေပြန့်

flea *thaan* သန်း

flesh *a-thaa* အသား

flight attendant, female *lay yin mae* လေယာဉ်မယ်

flight attendant, male *lay yin maung* လေယာဉ်မောင်

flimsy *paa* ပါး

flour *jone* ဂျုံ

flower *paan* ပန်း

fluent *kywonne kyin* ကျွမ်းကျင်

fly, to *pyan* ပျံ

foldable umbrella *khaut htee* ခေါက်ထီး

follow, chase *lite* လိုက်

footwear *pha-nut* ဖိနပ်

forefinger *let hnyoe* လက်ညှိုး

forehead *na-phoo* နဖူး

foreigner *naing ngan jaa thaa* နိုင်ငံခြားသား

forest *taww* တော

forest fire *taww mee* တောမီး

forget *mayt* မေ့

fork *kha-yinn* ခရင်း

foot *chay* ခြေ

fourth *za-dote hta* စတုတ္ထ

fragrance *a-hmwayy naant* အမွှေးနံ့

fragrant, aromatic *hmwayy* မွှေး

freedom, independence *lute lut yayy* လွတ်လပ်ရေး

Friday *Thauk kyah* သောကြာ

friend *tha-ngae jinn* သူငယ်ချင်း or *mait sway* မိတ်ဆွေ

friendly *khin min dae* ခင်မင်တယ်။

frighten *chauk* ခြောက်

frightened *kyauk* ကြောက်

frog *phaa* ဖါး

from time to time *kha-na kha-na* ခဏခဏ

fruit *a-thee* အသီး

fry *kyaw* ကြော်

G

gamble (v) *laung ga-zaa* လောင်းကစား

garbage *a-hmite* အမှိုက်

garbage bin *a-hmite ponne* အမှိုက်ပုံး

garbage truck *a-hmite kaa* အမှိုက်ကား

garden, park *pann jan* ပန်းခြံ

gardenia *zi za-wah* ဇီဇဝါ

garlic *kyet thune byu* ကြက်သွန်ဖြူ

Garuda *Ga-lone* ဂဠုန်

general knowledge *ba-hu thu ta* ဗဟုသုတ

gentleman *luh jee luh gaungg* လူကြီးလူကောင်း

Geography *Pa-hta-wih* ပထဝီ

Geology *Buh mi bay da* ဘူမိဗေဒ

give, to *payy* ပေး

give up *let shawt* လက်လျှော့

glad *waan thah dae* ဝမ်းသာတယ်။

glove *let ait* လက်အိတ်

glue (n) *kaw* ကော်

glue (v) *kaw naet kaat* ကော်နဲ့ကပ်

go, to *thwaa* သွား

go back, return, to *pyan* ပြန်

goat *sait* ဆိတ်

god *pha-yaa* ဘုရား

gold *shway* ရွှေ

goldsmith *shway ba-dain* ရွှေပန်းထိမ်

golf (n) *gaut* ဂေါက်

golf (v) *gaut yaik* ဂေါက်ရိုက်

golf ball *gaut thee* ဂေါက်သီး

gong (musical instrument) *maungg* မောင်း

good-natured *tha-baww kaung* သဘောကောင်း

goose *bae ngaan* ဘဲငန်း

gossip (n) *a-tinn a-phyinn* အတင်းအဖျင်း

gossip (v) *a-tinn a-phyinn pyaww* အတင်းအဖျင်းပြော

gourd *boo thee* ဘူးသီး

govern, adminstrate *oat chote* အုပ်ချုပ်

government *a-soe ya* အစိုးရ

grass *myet* မြက်

grasshopper *hnun gaung* နံကောင်

gray *mee goe yaung* မီးခိုးရောင်

green *a-sainn yaung* အစိမ်းရောင်

green, fresh *sainn* စိမ်း

grill *kin* ကင်

grocery store, general goods store *kone zone hsaing* ကုန်စုံဆိုင်

guarantee, insurance *ah ma khan* အာမခံ

guest *aet thae* ဧည့်သည်

guide *laan bya* လမ်းပြ or *lan hnyun* လမ်းညွန်

H

hair *za-bin* ဆံပင်

hair salon *za-bin hnyut saing* ဆံပင်ညှပ်ဆိုင်

hairdresser *za-bin hnyut tha-maa* ဆံပင်ညှပ်သမား or *za-bin hnyut sa-yah* ဆံပင်ညှပ်ဆရာ

hall *khaan ma* ခန်းမ

hand *let* လက်

handkerchief *let kaing pa-waa* လက်ကိုင်ပဝါ

handsome *khant* ခန့်

happy *pyaw dae* ပျော်တယ်။

harbor *hsait kaan* ဆိပ်ကမ်း

hard *mah* မာ

hardworking *kyoe zaa* ကြိုးစား

hare *tone* ယုန်

harp *saung* စောင်း

hate *monne dae* မုန်းတယ်။

hawk *sune* စွန်

head *gaungg* ခေါင်း

Head of department *Htah na hmoo* ဌာနမှူး

headmaster, principal *kyaungg oat* ကျောင်းအုပ်

headmistress, female principal *kyaungg oat sa-yah ma* ကျောင်းအုပ်ဆရာမ

heart *a-thae* အသည်း

heartbroken *a-thae kwae* အသည်းကွဲ

heavily flavored *layy* လေး

high *myint* မြင့်

high school *a-htet taan* အထက်တန်း

highway bus, long distance bus *a-wayy byayy kaa* အဝေးပြေးကား

history *tha-maingg* သမိုင်း

hobby *wah tha-nah* ဝါသနာ

holiday *a-lote pait yet* အလုပ်ပိတ်ရက်

homosexual *lain duh chit thuh* လိင်တူချစ်သူ

honest *yoe thaa* ရိုးသား

honesty *yoe thaa jinn* ရိုးသားခြင်း

hope (n) *hmyaw lint jet* မျှော်လင့်ချက်

hope (v) *hmyaw lint* မျှော်လင့်

hornbill *auk chinn hnget* အောက်ချင်းငှက်

host, master or mistress of the house *ain shin* အိမ်ရှင်

hostage *da-zah gun* ဓါးစာခံ

however *dah bay maet* ဒါပေမဲ့

hug, embrace (n) *a-phet* အဖက်

hug, embrace (v) *phet* ဖက်

human rights *lu a-khwint a-yayy* လူ့အခွင့်အရေး

hungry *hsah* ဆာ or *bite hsah dae* ဗိုက်ဆာတယ်။

husband *lin* လင်

hyacinth *bay dah* ဗေဒါ

I

ice *yay khae* ရေခဲ

ice cream *yay khae mont* ရေခဲမုန့်

ice water *yay khae yay* ရေခဲရေ

ID card, national registration card *Hmaat pone tin* မှတ်ပုံတင်

ill-tempered *sait pote* စိတ်ပုပ်

immigration *lu win hmuu kyee kyut yayy* လူဝင်မှုကြီးကြပ်ရေး

immigration office *lu win hmuu kyee kyut yayy htah na* လူဝင်မှုကြီးကြပ်ရေးဌာန

immigration officer *lu win hmuu kyee kyut yayy a-yah shi* လူဝင်မှုကြီးကြပ်ရေးအရာရှိ

important *a-yayy kyii* အရေးကြီး

inch *let ma* လက်မ

income *win ngway* ဝင်ငွေ

income tax *a-kaut khon* အကောက်ခွန်

increase *toe* တိုး

ink *hmin* မင်

insect, bug *poe* ပိုး

inside *a-htaee* အထဲ

insurance *ah ma gan* အာမခံ

investigate *sone zaan* စုံစမ်း

island *kyoon* ကျွန်း

itch *yaa* ယား

itinerary *kha-yee zin* ခရီးစဉ်

J

jade *kyaut sainne* ကျောက်စိမ်း

jar *ohh* အိုး

jasmine *za-bae* စံပယ်

jeans *jinn* ဂျင်း

job, employment *a-lote* အလုပ်

joke *pyet lonne* ပြက်လုံး

journal *jah nae* ဂျာနယ်

just, fair *hmya ta* မျှတ

K

Kachin (ethnic nationality) *Ka-chin* ကချင်

kangaroo *thaa pike kaung* သားပိုက်ကောင်

English-Burmese Dictionary

Karen (ethnic nationality) *Ka-yin* ကရင်
Kayah (ethnic nationality) *Ka-yaa* ကယား
kettle *kha-yaa* ကရား
kidnap *pyan bayy swaee* ပြန်ပေးဆွဲ
kidney *kyauk kaat* ကျောက်ကပ်
kill *thut* သတ်
killer *lu thut tha-maa* လူသတ်သမား
kindergarten, preschool *muh jo* မူကြို
king *shin ba-yin* ရှင်ဘုရင်
kitchen *mee boh* မီးဖိုချောင်
knee *doo* ဒူး
knife *daa* ဓါး

L

lady *a-myoe tha-mee gaungg* အမျိုးသမီးကောင်း
lamb *thoe* သိုး
lamp *mee gwet* မီးခွက်
lamppost *mee daing* မီးတိုင်
land travel, land route *konne laan* ကုန်းလမ်း
late *naut kya* နောက်ကျ
laundry detergent *hsut pyah hmont* ဆပ်ပြာမှုန့်
law *u ba-day* ဥပဒေ
lawyer *shayt nay* ရှေ့နေ
lazy *pyinn* ပျင်း
leaf *thit ywet* သစ်ရွက်

learning, wisdom *pyin nyah* ပညာ
lecturer *ka-hti ka* ကထိက
left *bae* ဘယ်
leg *chay dauk* ခြေထောက်
leopard *kya-thit* ကျားသစ်
Liberal arts *Wait zah* ဝိဇ္ဇာ
lie, deceive *lain* လိမ်
lie, deception *a-lain* အလိမ်
lie, recline horizontally *hlaee* လှဲ
life, existence *ba-wa* ဘဝ
light festival *mee htunne bwaee* မီးထွန်းပွဲ
lightly flavored *pawt* ပေါ့
Linguistics *Bah thah bay da* ဘာသာဗေဒ
lion *chin thaet* ခြင်္သေ့
lip *hnote khaan* နှုတ်ခမ်း
listen, to *naa htaung* နားထောင်
little finger *let thaan* လက်သန်း
little toe *chay thaan* ခြေသန်း
live (to be alive) *shin thaan* ရှင်သန်
live (to live in a place) *nay* နေ
liver *thaee chay* သည်းခြေ
living room *aet gann* ည့်ခန်း
lobby, reception area *aet jo khann ma* ည့်ကြိုခန်းမ
local people *day tha gan* ဒေသခံ
logic *yote ti bay da* ယုတ္တိဗေဒ
long *shay* ရှည်

long for *taan ta* တမ်းတ

loose *chaung* ချောင်

lose *pyaut* ပျောက်

loss *a-shonne* အရှုံး

loud *kyae laung* ကျယ်လောင်

love (n) *a-chit* အချစ်

love (v) *chit* ချစ်

low *naint* နိမ့်

luggage *thit tah* သေတ္တာ

lunar eclipse *la kyut* လကြတ်

lunch *nayt lae zah* နေ့လည်စာ

M

magic *myet hlaet* မျက်လှည့်

magician *myet hlaet sa-yah* မျက်လှည့်ဆရာ

magnifier, magnifying glass *hman ba-loo* မှန်ဘီလူး

mailbox *saa dait bonne* စာတိုက်ပုံး

main road *laan ma jee* လမ်းမကြီး

male student *kyaungg thaa* ကျောင်းသား

male teacher *sa-yah* ဆရာ

mango *tha-yet thee* သရက်သီး

marian plum *ma-yaan* မရမ်း

marriage *min ga-lah hsaung* မင်္ဂလာဆောင်

married couple *lin ma-yaa* လင်မယား

marry, wed *min ga-lah hsaung* မင်္ဂလာဆောင်

mask *myet hna-phonne* မျက်နှာဖုံး

mat *phyah* ဖျာ

Mathematics *Thin chah* သင်္ချာ

mature *yint* ရင့်

mayor *myo daw wun* မြို့တော်ဝန်

maze, labyrinth *win ga-bah* ဝင်္ကပါ

medicine *hsayy* ဆေး

meditate *ta-yaa hating* တရားထိုင်

mercenary *kyaa zaa* ကြေးစား

mermaid *yay thuh ma* ရေသူမ

merit *ku thoh* ကုသိုလ်

messy, complicated *shote htwayy* ရှုပ်ထွေး

middle *a-lae* အလယ်

middle class *lu lut thaan zaa* လူလတ်တန်းစား

middle finger *let kha-lae* လက်ခလယ်

Middle school *A-lae daan* အလယ်တန်း

midnight *thaan gaung* or *tha-gaung* သန်းခေါင်

Military academy *Sit tet ga-thoh* စစ်တက္ကသိုလ်

milk (from cow) *nwaa no* နွားနို့

milk (n) *no* နို့

mind *sait* စိတ်

misery, suffering *dote kha* ဒုက္ခ

miss (to miss someone) *lwaan* လွမ်း

mobile phone *let kaing phonne* လက်ကိုင်ဖုန်း

monastery *phonne jee kyaungg* ဘုန်းကြီးကျောင်း

Monday *Ta-ninn lah* တနင်္လာ

monsoon *mote thone* မုတ်သုန်

moon *la* လ

moonlight *la yaung* လရောင်

motorboat *set hlay* စက်လှေ

mountain *taung* တောင်

mountain ranges *taung daan* တောင်တန်း

move (n) *a-shwayt a-pyaungg* အရွှေ့အပြောင်း

move (v) *shwayt pyaungg* ရွှေ့ပြောင်း

movie *yote shin* ရုပ်ရှင်

movie theater *yote shin yone* ရုပ်ရှင်ရုံ

municipal *sih bin thah yah* စည်ပင်သာယာ

muscle *kywet thaa* ကြွက်သား

N

Naan bread *Nun byaa* နံပြား

nag, pester *puh zah* ပူဇာ

narrow, cramped *kyinn* ကျဉ်း

nanny *kha-layy dainne* ကလေးထိန်း

natural *tha-bah wa kya* သဘာဝကျ

nature *tha-bah wa* သဘာဝ

neck *lae binn* လည်ပင်း

needle *ut* အပ်

never *bae dawt hma* ဘယ်တော့မှ

news *tha-dinn* သတင်း

news anchor *tha-dinn kyay nyah thuh* သတင်းကြေညာသူ

newspaper *tha-dinn zah* သတင်းစာ

night market *nya zayy daan* ညဈေးတန်း

ninth *na-wa-ma* နဝမ

nipple *no thee* နို့သီး

nonprofit *pa-ra hi ta* ပရဟိတ

North *Myaut* မြောက်

nose *hna-khaung* နှာခေါင်း

nose bridge *hnah dun* နှာတံ

nose tip *hnah thee* နှာသီး

not even once *ta-kha hma* တစ်ခါမှ

noun *nun* နာမ်

novitiation *shin pyu* ရှင်ပြု

nunnery *thih la shin kyaungg* သီလရှင်ကျောင်း

nurse (n) *thuh nah byu* သူနာပြု

nurse, take care of (v) *pyu zu* ပြုစု

nurture *pyoe htaung* ပျိုးထောင်

O

oak *wet thit cha* ဝက်သစ်ချ

ocean *pin lae* ပင်လယ်

octopus *yay ba-waee* ရေဘဝဲ

offer, anoint or adorn (a sacred site or object) *puh zaw* ပူဇော်

oil *hsih* ဆီ

okra *yonne ba-day thee* ရုံးပတီသီး

old *oh* အို

olive *thun lwin* သံလွင်

on the left *bae bet hmah* ဘယ်ဘက်မှာ

on the right *nyah bet hmay* ညာဘက်မှာ

once in a while *ma-kyah ma-kyah* မကြာမကြာ

onion *kyet thune ni* ကြက်သွန်နီ

orange (color) *lain maw yaung* လိမ္မော်ရောင်

orange (fruit) *lain maw thee* လိမ္မော်သီး

orchid *thit khwa* သစ်ခွ

original *pin goh* ပင်ကို

orphan *mi ba maet* မိဘမဲ့

outlaw, fugitive *wa-yaan byayy* ဝရမ်းပြေး

outside *a-pyin* အပြင်

oven *mee boh* မီးဖို

overripe, rot *poat* ပုပ်

overpass, overhead bridge *gonne da-taa* ခုံးတံတား

owl *zee gwet* ဇီးကွက်

P

paddy (rice grain with husk) *za-baa* စပါး

palace *naan daw* နန်းတော်

palace wall *naan myo yoe* နန်းမြို့ရိုး

palm *let pha-waa* လက်ဖဝါး

papaya *thinn baww thee* သဘော်သီး

paper (writing material) *set kuh* စက္ကူ

paper, newspaper *da-zinn zah* သတင်းစာ

pass away *kwae lun* ကွယ်လွန်

passenger *kha-yee thae* ခရီးသည်

patient *sait shay dae* စိတ်ရှည်တယ်။

patron, regular customer *phaut thae* ဖေါက်သည်

peace *nyainne jaan yayy* ငြိမ်းချမ်းရေး

peacock *daungg* ဒေါင်း

pearl *pa-laee* ပုလဲ

pedal rickshaw, sidecar *site kaa* ဆိုက်ကား

pen *ka-laung* ကလောင်

pen name *ka-laung naam mae* ကလောင်နာမည်

performance, festivals *pwaee* ပွဲ

perfume *yay hmwayy* ရေမွှေး

pharmacy *hsayy saing* ဆေးဆိုင်

Philosophy *Dat tha-ni ka bay da* ဒဿနိကဗေဒ

phone (v) *phonne hset* ဖုန်းဆက်

photograph (n) *dut pone* ဓါတ်ပုံ

photograph (v) *dut pone yite* ဓါတ်ပုံရိုက်

Physics *Yuh pa bay da* ရူပဗေဒ

pickpocket *ga-bite hnite* ခါးပိုက်နှိုက်

pig *wet* ဝက်

pigeon *khoh* ခို

piggy bank *su boo* စုဘူး

pill *hsayy lonne* ဆေးလုံး

pilot *lay yin hmoo* လေယာဉ်မှူး

pimple *wet chun* ဝက်ခြံ

pine, fir *htinn shuu* ထင်းရှူး

pink *pann yaung* ပန်းရောင်

pirate *pin lae da-mya* ပင်လယ်ဓါးပြ

planet *jo* ဂြိုလ်

plant (n) *a-pin* အပင်

plant (v) *site* စိုက်

plant, factory *set yone* စက်ရုံ

plate *ba-gan* ပန်းကန်

plateau *konne myint* ကုန်းပြင်မြင့်

play (theatrical n) *pha zut* ပြဇတ်

play (v) *ga-zaa* ကစား

playground *ga-zaa gwinn* ကစားကွင်း

playing card *phaee* ဖဲ

please *kyayy zoo pyu ywaet* ကျေးဇူးပြု၍

plum *zee thee* ဆီးသီး

pollen *wute hmone* ဝတ်မှုန်

polite *yin kyayy* ယဉ်ကျေး

politics *naing ngan yayy* နိုင်ငံရေး

Political Science *Naing ngan yayy thait pan* နိုင်ငံရေးသိပ္ပံ

political prisoner *naing ngan yayy a-kyinn thaa* နိုင်ငံရေး အကျဉ်းသား

politics *naing ngan yayy* နိုင်ငံရေး

poor *hsinn yaee* ဆင်းရဲ

poor person *hsinn yaee thaa* ဆင်းရဲသား

poppy *bainn* ဘိန်း

popsicle *yay gaee jaungg* ရေခဲချောင်း

possessed (by a spirit) *nut puu* နတ်ပူး

postman *sah po tha-maa* စာပို့သမား

pout *sait kauk* စိတ်ကောက်

praise *chee munne* ချီးမွမ်း

President (of a country) *Tha-ma-da* သမ္မတ

pretty *hla* လှ

pride *mah na* မာန

Primary school *Muh la daan* မူလတန်း

Prime minister *Wune jee jote* ဝန်ကြီးချုပ်

prince, actor *minn thaa* မင်းသား

princes, actress *minn tha-mee* မင်းသမီး

prison *htaung* ထောင်

prisoner *a-kyinn thaa* အကျဉ်းသား

printer, press *pone hnate set* ပုံနှိပ်စက်

problem *pyet tha-nah* ပြဿနာ

Professor *Pah mauk kha* ပါမောက္ခ

profit *a-myat* အမြတ်

program (n) *a-sih a-zin* အစီအစဥ်

program, arrange, plan (v) *sih zin* စီစဉ်

project *sih mun gainn* စီမံကိန်း

promise (n) *ga-di* ကတိ

promise (v) *ga-di payy* ကတိပေး

pronounce *a-thun htwet* အသံထွက်

pronunciation *a-thun dwet* အသံထွက်

puffy, bloated *phaung* ဖေါင်း

pure (genuine) *sit* စစ်

pure (in character) *phyu sin* ဖြူစင်

purple *kha-yaan yaung* ခရမ်းရောင်

Q

quail *ngonne* ငုံး

quake (n) *nga-lyin* လေလျှင်

quake (v) *nga-lyin hlote* လေလျှင်လှုပ်

quality *a-yay a-thwayy* အရည်အသွေး

quantity *a-yay a-twet* အရေအတွက်

quarrel *za-gaa myaa* စကားများ

queen *ba-yin ma* ဘုရင်မ

question *mayy goon* မေးခွန်း

queue *taan* တန်း

queue *taan sih* တန်းစီ

quickly *myan myan* မြန်မြန်

quiet *tait sait* တိတ်ဆိတ်

quietly *tait tait sait sait* တိတ်တိတ်ဆိတ်ဆိတ်

quoted price or asking price (as opposed to negotiated selling price) *khaw zayy* ခေါ်ဈေး

R

race, ethnicity (n) *luh myoe* လူမျိုး

racism *luh myoe khwaee jaa yayy* လူမျိုးခွဲခြားရေး

radio *ray dih yoh* ရေဒီယို

rain *moe* မိုး

rain cloud *moe tain* မိုးတိမ်

rain tree *koat koh* ကုက္ကို

rainbow *thet tun* သက်တံ

raincoat *moe gah ainne jih* မိုးကာအင်္ကျီ

rattan *kyain* ကြိမ်

razor (for shaving) *mote hsait yait daa* မုတ်ဆိတ်ရိတ်ဓါး

reassured *sait cha dae* စိတ်ချတယ်။

reception *aet gan bwaee* ဧည့်ခံပွဲ

English-Burmese Dictionary

receptionist *aet jo sa-yayy* ဧည့်ကြိုစာရေး

red *a-nih yaung* အနီရောင်

red ant *khah jin* ခါချဉ်

refrigerator *yay gaee thit tah* ရေခဲသေတ္တာ

refugee *dote kha thae* ဒုက္ခသည်

refuse *nyinn pae* ငြင်းပယ်

regional college *day tha kaww lait* ဒေသကောလိပ်

repair *pyin* ပြင်

remember *tha-di ya* သတိရ

remorse, regret *naung da* နောင်တ

rent (n) *ain la ga* အိမ်လခ

rent (v) *hngaa* ငှား

rest (n) *a-naa* အနား

rest (v) *naa* နား

restless *ga-nah ma-nyain* ဂနာမငြိမ်

restroom *ain thah* အိမ်သာ

reverse *byaungg byan hlaet* ပြောင်းပြန်လှည့်

rice (uncooked) *hsun* ဆန်

rich *htaee* ေ ြေး or *chaan thah* ချမ်းသာ

rich person *tha-htaee* သူဌေး

rickshaw *lan chaa* လန်ချား

right *nyah* ညာ

ring *let sute* လက်စွပ်

ripe *yint* ရင့်

river *myit* မြစ်

road, street *laan* လမ်း

rob *lu* လု

robber *da-mya* ဓါးပြ

rocket *donne byan* ဒုံးပျံ

room *a-khaan* အခန်း

rosary *sait ba-dee* စိပ်ပုတီး

rose *hninn zi* နှင်းဆီ

rotten (for fruit and vegetables) *pote* ပုပ်

rough *kyaan daan* ကြမ်းတမ်း

rubber *rah bah* ရာဘာ

ruby *ba-da-myaa* ပတ္တမြား

rude *yaingg* ရိုင်း

rumor *kaww lah ha-la* ကောလာဟလ

run *pyayy* ပြေး

runner (athlete) *a-pyayy tha-maa* အပြေးသမား

running *a-pyayy* အပြေး

S

sad *waan nae dae* ဝမ်းနည်းတယ်။

safe box *mee gan thit tah* မီးခံသေတ္တာ

sail boat *ywet hlay* ရွက်လှေ

sailor *thinn maww thaa* သင်္ဘောသား

saliva *tha-yay* သွားရည်

salt *hsaa* ဆား

salty *ngan* ငံ

sampan *thun bun* or *thun mun* သမ္မန်

sand *thaee* သဲ

sand plain *thaee thaung byin* သဲသောင်ပြင်

sandalwood *sun da-koo* စန္ဒကူး

sanitation *thant shinn yayy* သန့်ရှင်းရေး

Saturday *Sa-nay* စနေ

scale (for weighing) *chain gwin* ချိန်ခွင်

scatter, sprinkle *kyaee* ကြဲ

school *kyaungg* ကျောင်း

science *thait paan* သိပ္ပံ

scratch *kote* ကုတ်

screw *wet uh* ဝက်အူ

screwdriver *wet uh yit* ဝက်အူရစ်

script (for movie) *zut hnyunne* ဇတ်ညွှန်း

scripture *kyaan zah* ကျမ်းစာ

sea travel, sea route *yay laan* ရေလမ်း

seagull *zin yaw* စင်ရော်

second *du ta-ya* ဒုတိယ

selfish *da-goh gaungg sun* တစ်ကိုယ်ကောင်းဆန်

sell, to *yaungg* ရောင်း

selling price *yaungg zayy* ရောင်းဈေး

sentence *wah kya* ဝါကျ

serene *tih nyain* တည်ငြိမ်

seventh *thut ta-ma* သတ္တမ

sew *chote* ချုပ်

sex (n) *lain* လိင်

sex (to engage in) *lain set sun* လိင်ဆက်ဆံ

sex organ *lain in-gah* လိင်အင်္ဂါ

shame *a-shet* အရှက်

shampoo *gaungg shaw yay* ခေါင်းလျှော်ရည်

Shan (ethnic nationality) *Shaan* ရှမ်း

shawl *pa-wah* ပဝါ

shield (n) *a-kah* အကာ

shield, to protect (v) *kah* ကာ

ship *thin maww* သင်္ဘော

shoe *shuu pha-nut* ရှူးဖိနပ်

shop (n) *zayy zaing* ဈေးဆိုင်

shop (v) *zayy wae* ဈေးဝယ်

short (length measurement) *toh* တို

short (height) *pu* ပု

shower *yay choe gann* ရေချိုးခန်း

sickly *chuh jah* ချူချာ

sidecar (human-pedaled tricycle taxis) *site kaa* ဆိုက်ကား

silver *ngway* ငွေ

simple *yoo* ရိုး

singer *a-hsoh daw* အဆိုတော်

song *tha-chinn* သီချင်း

single-minded, rigid in attitude *tha-yuh thun* တစ်ယူသန်

sit *htaing* ထိုင်

sixth *sut hta-ma* ဆဌမ

skirt *gah wune* ဂါဝန်

sky *kaungg kin* ကောင်းကင်
slave *kyune* ကျွန်
sleepy *ait ngite* အိပ်ငိုက်
slim *thwae* သွယ်
slow *hnayy* နှေး
small *thayy* သေး
smelly, stinky *nun* နံ
smile (n) *a-pyonne* အပြုံး
smile (v) *pyonne* ပြုံး
smooth *chaw* ချော
snack *mont* မုန့်
snail *pet kyi* ပက်ကျိ
snake *mway* မြွေ
soap *hsut pyah* ဆပ်ပြာ
social communication *hset hsan yayy* ဆက်ဆံရေး
social concerns *luh hmu yayy* လူမှုရေး
social welfare *luh hmu phuh lone yayy* လူမှုဖူလုံရေး
sock *chay zoot* ခြေစွပ်
soft *pyawt pyaungg* ပျော့ပျောင်း
solar eclipse *nay kyut* နေကြတ်
soldier *sit thaa* စစ်သား
some *ta-cho* တချို့
sometimes *ta-khah ta-lay* တစ်ခါတစ်လေ
soul *wi nyin* ဝိညာဉ်
sour *chin* ချဉ်
South *Taung* တောင်
spaceship *joh du* ဂြိုလ်တု

spade, shovel *gaw byaa* ဂေါ်ပြား
speak, talk, to *pyaww* ပြော
spear (n) *hlun* လှံ
spear (v) *hlun naet htoo* လှံနဲ့ထိုး
spicy *sut* စပ်
spirit *nut* နတ်
spoil (a child) *a-loh lite* အလိုလိုက်
spoiled (food) *thoe* သိုး
spoon *zunne* ဇွန်း
sporting events *arr ga-zaa bwaee* အားကစားပွဲ
sports *arr ga-zaa* အားကစား
spread *phyunt* ဖြန့်
stamp (postage) *da-zait gaungg* တံဆိပ်ခေါင်း
stamp, seal *da-zait tonne* တံဆိပ်တုံး
stand (v) *yut* ရပ်
star *kyae* ကြယ်
steal *khoe* ခိုး
steam, to (cooking) *paungg* ပေါင်း
step (footstep) *chay hlaan* ခြေလှမ်း
step (on a ladder) *hlay ga-dit* လှေကားထစ်
stepfather *pa-htwaee* ပထွေး
stepmother *mi dwaee* မိထွေး
sticky *see* စေး
stinky *nun* နံ

stop *yut* ရပ်
storm *mone daingg* မုန်တိုင်း
straight *phyaunt* ဖြောင့်
street vendor, sidewalk vendor *lann bayy zayy thae* လမ်းဘေးဈေးသည်
stroll (v) *laan shaut htwet* လမ်းလျှောက်ထွက်
stubborn *gaungg mah* ခေါင်းမာ
sue *ta-yaa swaee* တရားစွဲ
suffering, misery *way da-nah* ဝေဒနာ
sun *nay* နေ
sunburn *nay laung* နေလောင်
Sunday *Ta-nginn ga-nway* တနင်္ဂနွေ
sunflower *nay jah baan* နေကြာပန်း
sunglasses *nay gah myet hman* နေကာမျက်မှန်
sunlight *nay yaung* နေရောင်
sunrise *nay htwet chain* နေထွက်ချိန်
sunset *nay win jain* နေဝင်ချိန်
support *htaut pant* ထောက်ပံ့
sure, certain *thay jah dae* သေချာတယ်။
surgeon *khwaee sait sa-yah won* ခွဲစိတ်ဆရာဝန်
surprise *aunt aww dae* အံ့ဩတယ်။
suspicious *thun tha-ya shi dae* သံသယရှိတယ်။

sweat (n) *chwayy* ချွေး
sweat (v) *chwayy htwet* ချွေးထွက်
sweet *choh* ချို
sweetness *a-choh* အချို
swim *yay koo* ရေကူး
sword *daa* ဓါး

T

table (n) *za-bwaee* စားပွဲ
take *yu* ယူ
tall (adj) *myint* မြင့်
tamarind *ma-jee* မန်ကျည်း
tank (warfare) *thun jut kaa* သံချပ်ကား
tank (water storage) *taing kih* တိုင်ကီ
taste, flavor *a-ya thah* အရသာ
tattoo (n) *sayy hmin jaung* ဆေးမင်ကြောင်
tattoo (v) *sayy hmin jaung htoe* ဆေးမင်ကြောင်ထိုး
taxi *a-hngaa kaa* အငှားကား
thank you *kyayy zoo tin bah dae* ကျေးဇူးတင်ပါတယ်။
teak *kyunne* ကျွန်း
temple *ngae htait* ငယ်ထိပ်
temporary *yah yih* ယာယီ
temporary address *yah yih lait sah* ယာယီလိပ်စာ
tenacious *zwaee shi* စွဲရှိ
tenacity *zwaee* စွဲ

tender, youthful *nu* နု

tenth *dut tha-ma* ဒသမ

thanakha (aromatic wood paste used for cosmetic) *tha-na-khaa* သနပ်ခါး

therefore *dah jaunt* ဒါကြောင့်

thick (as in books) *htuh* ထူ

thief *tha-khoe* သူခိုး

thin *pain* ပိန်

third *tut ti ya* တတိယ

thirsty *yay ngat tae* ရေငတ်တယ်။

thorn *hsuu* ဆူး

thumb *let ma* လက်မ

Thursday *Kyah thah ba-dayy* ကြာသပတေး

ticket *let hmut* လက်မှတ်

tide *dih yay* ဒီရေ

tiger *kyaa* ကျား

tiger lily *thit sa-baan* သစ္စာပန်း

tight *kyut* ကျပ်

time *a-chain* အချိန်

timetable *a-chain za-yaa* အချိန်ဇယား

tobacco *sayy ywet kyee* ဆေးရွက်ကြီး

toenail *chay thaee* ခြေသည်း

tofu *toh huu* တိုဟူး

together *a-tuh tuh* အတူတူ

toilet, restroom *ain thah* အိမ်သာ

toilet paper *ain thah set kuh* အိမ်သာစက္ကူ။

tomato *kha-yaan jin thee* ခရမ်းချဉ်သီး

tongue *shah* လျှာ

tooth *thwaa* သွား

toothpick *thwaa jaa htoo dan* သွားကြားထိုးတံ

torch light *let hnate dut mee* လက်နှိပ်ဓါတ်မီး

tornado *lay hsin hna-maung* လေဆင်နှာမောင်း

tour guide *kha-yee thwaa laan bya* ခရီးသွား လမ်းပြ or *kha-yee thwaa laan hnyun* ခရီးသွား လမ်းညွှန်

tourist, globetrotter *ga-bah hlaet kha-yee thae* ကမ္ဘာလှည့်ခရီးသည်

tower *hmyaw zin* မျှော်စင်

train *ya-htaa* ရထား

train fare *ya-htaa ga* ရထားခ

train station *ya-htaa buh dah* ရထားဘူတာ

train tracks *ya-htaa laan* ရထားလမ်း

tray *lin baan* လင်ပန်း

travel, journey *kha-yee* ခရီး

travel (v) *kha-yee htwet* ခရီးထွက်

traveler *kha-yee thae* ခရီးသည်

treasure *ya-da-nah* ရတနာ

treasury, funds *bun dah ngway* ဘဏ္ဍာငွေ

treasury, repository *bun dah daik* ဘဏ္ဍာတိုက်
tree *thit pin* သစ်ပင်
tree branch *thit kaingg* သစ်ကိုင်း
tree root *thit myit* သစ်မြစ်
Tuesday *In gah* အင်္ဂါ
turkey *kyet sin* ကြက်ဆင်
turtle *lait* လိပ်
twilight *see zah* ဆည်းဆာ
twin *a-hmwah* အမွှာ
typewriter *let hnate set* လက်နှိပ်စက်

U

ugly *yote soe* ရုပ်ဆိုး
umbrella *htee* ထီး
understand *Naa lae* နားလည်
underwear *a-twinn gan a-wute* အတွင်းခံအဝတ်
unequal *ma-nyih hmya* မညီမျှ
unhappy *ma-pyaw boo* မပျော်ဘူး။
universe *set kyah wa-lah* စကြဝဠာ
university *tet ga-thoh* တက္ကသိုလ်
unjust *ma-ta-yaa* မတရား
unnatural *tha-bah wa ma-kya* သဘာဝမကျ
upstream *yay zun* ရေဆန်
urge *tait tune* တိုက်တွန်း

V

valley *taung jaa* တောင်ကြား
verb *ka-ri yah* ကြိယာ
very *thaik* သိပ်
vice, bad habit *a-kyint zoe* အကျင့်ဆိုး
vice president *du tha-ma-da* ဒုသမ္မတ
village *ywah* ရွာ
village headman *ywah tha-jee* ရွာသူကြီး
villagers *ywah thuh ywah thaa* ရွာသူရွာသား
vine *nwae* နွယ်
virtue *a-kyint gaung* အကျင့်ကောင်း
voice *a-thun* အသံ
volunteer *lote arr payy* လုပ်အားပေး

W

wait *saungt* စောင့်
waiter, waitress *za-bwaee doe* စားပွဲထိုး
weight *a-layy* အလေး
work (v) *a-lote lote* အလုပ်လုပ်
wall *nan yan* နံရံ
war *sit* စစ်
wash *hsayy* ဆေး
washing machine *a-wute shaw zet* အဝတ်လျှော်စက်
water *yay* ရေ

waterfall *yay da-gun* ရေတံခွန်

watermelon *pha-yaee thee* ဖရဲသီး

waterproof *yay zoh gan* ရေစိုခံ

wear (clothing) *wute* ဝတ်

wedding *min ga-lah zaung* မင်္ဂလာဆောင်

Wednesday *Bote da-hoo* ဗုဒ္ဓဟူး

well-behaved *lain mah* လိမ္မာ

West *A-naut* အနောက်

wet *soh* စို

white *a-phyuh yaung* အဖြူရောင်

wife *ma-yaa* မယား

willow tree *moe ma-kha* မိုးမခ

wind *lay* လေ

window *ba-dinn baut* ပြတင်းပေါက်

wok *dae ohh* ဒယ်အိုး

wood forest *thit taww* သစ်တော

wood, glen *taww oat* တောအုပ်

wood (teak construction material) *thit thaa* သစ်သား

woodpecker *thit tauk hnget* သစ်တောက်ငှက်

word, letter *za-gaa* စကား

world *ga-bah* ကမ္ဘာ

worried *sait puh dae* စိတ်ပူတယ်။

work *a-lote* အလုပ်

worker *a-lote tha-maa* အလုပ်သမား

worm *tih gaung* တီကောင်

worry *sait puh* စိတ်ပူ

wound *a-nah* အနာ or *dun yah* ဒဏ်ရာ

writing desk *sah yayy za-bwaee* စာရေးစားပွဲ

X

x-ray (n) *dut hmaan* ဓါတ်မှန်

x-ray (v) *dut hmaan yite* ဓါတ်မှန်ရိုက်

Y

yellow *a-wah yaung* အဝါရောင်

young *ngae* ငယ်

youth *luh ngae* လူငယ်

Z

zebra *myinn jaa* မြင်းကျား

zoo *ta-rait hsaan yone* တိရစ္ဆာန်ရုံ

Zoology *Thut ta bay da* သတ္တဗေဒ

ABOUT TUTTLE
"Books to Span the East and West"

Our core mission at Tuttle Publishing is to create books which bring people together one page at a time. Tuttle was founded in 1832 in the small New England town of Rutland, Vermont (USA). Our fundamental values remain as strong today as they were then—to publish best-in-class books informing the English-speaking world about the countries and peoples of Asia. The world has become a smaller place today and Asia's economic, cultural and political influence has expanded, yet the need for meaningful dialogue and information about this diverse region has never been greater. Since 1948, Tuttle has been a leader in publishing books on the cultures, arts, cuisines, languages and literatures of Asia. Our authors and photographers have won numerous awards and Tuttle has published thousands of books on subjects ranging from martial arts to paper crafts. We welcome you to explore the wealth of information available on Asia at **www.tuttlepublishing.com**.

Published by Tuttle Publishing, an imprint of Periplus Editions (HK) Ltd.

www.tuttlepublishing.com

Copyright © 2017 Periplus Editions (HK) Ltd.

All rights reserved. No part of this publication may be reproduced or utilized in any form or by any means, electronic or mechanical, including photocopying, recording or by any information storage and retrieval system, without prior written permission from the publisher.

Library of Congress Control Number: 2017939849

ISBN 978-0-8048-4843-5

20 19 18 17   5 4 3 2 1

Printed in China   1711CM

TUTTLE PUBLISHING® is a registered trademark of Tuttle Publishing, a division of Periplus Editions (HK) Ltd.

Distributed by:

North America, Latin America & Europe
Tuttle Publishing
364 Innovation Drive
North Clarendon,
VT 05759-9436 U.S.A.
Tel: 1 (802) 773-8930
Fax: 1 (802) 773-6993
info@tuttlepublishing.com
www.tuttlepublishing.com

Japan
Tuttle Publishing
Yaekari Building,
3rd Floor, 5-4-12 Osaki,
Shinagawa-ku,
Tokyo 141 0032
Tel: (81) 3 5437-0171
Fax: (81) 3 5437-0755
sales@tuttle.co.jp
www.tuttle.co.jp

Asia Pacific
Berkeley Books Pte. Ltd.
61 Tai Seng Avenue #02-12
Singapore 534167
Tel: (65) 6280-1330
Fax: (65) 6280-6290
inquiries@periplus.com.sg
www.periplus.com